中国非遗立法对非遗保护事业的推动成效

朱 兵

2011 年 2 月 25 日,第十一届全国人民代表大会常务委员会第十九次会议审议通过《中华人民共和国非物质文化遗产法》(以下简称《非遗法》),这是具有中国特色的以非物质文化遗产为保护对象的专门法。它的出台,适应了文化多样性发展的世界潮流,体现了我国社会主义制度的优越性,完善了我国文化遗产法律体系,对继承和弘扬中华民族优秀传统文化,增强民族凝聚力和创造力,推动文化大发展和大繁荣具有深远的意义,为我国非物质文化遗产事业发展奠定了坚实的法治基础。

党的十八大以来,在以习近平同志为核心的党中央的坚强领导下,我国的《非遗法》实施和非遗工作进入新时代,形成了非遗保护新理念,成绩斐然。其一,非遗保护坚持以人民为中心的工作导向,坚持人民群众的主体地位;其二,非遗保护的核心目的,是促进多元一体的中华文化的发展,凝聚中华民族力量,增进民族团结,增强文化认同,铸牢中华民族共同体意识;其三,非遗保护要"见人见物见生活",在有效保护的基础上促进非遗与旅游、文化产业、文创等相衔接,推动非遗融入现代生活,融入时代文化。《非遗法》施行迄今已十年,在全社会的宣传贯彻不断深入,各级政府和部门依法履职,提升非遗治理效能,成效显著。我国目前已建成比较完备的非遗法律法规体系、非遗名录体系、代表性传承人体系;开展全国非物质文化遗产普查工作,启动"国家级非物质文化遗产代表性传承人抢救性记录工程"和"非物质文化遗产记录工程",实施"生产性保护",促进非遗融入现代生产生活,发布《中国传统工艺振兴计划》和《第一批国家传统工艺振兴目录》;设立 23 个国家级文化生态保护(实验)区;实施"中国非遗传承人群研修研习培训计划";推动"非遗 + 扶贫"工作,推进非遗广泛传播;推动非遗进校园、进课堂、进教材,逐渐融入国民教育体系;加强非遗保护国际交流与合作,我国已有 40 多个非遗项目列入联合国教科文组织非遗名录(名册),居世界首位。

非遗是凝聚人心的纽带,是满足人民精神文化生活需求,增进民生福祉的重要内容。"十四五"时期,我们要以习近平新时代中国特色社会主义思想为指导,坚守人民立场,进一步完善《非遗法》,深入推进《非遗法》的贯彻实施,健全非遗传承体系,提高非遗保护传承水平,构建非遗现代传播格局,把非遗保护事业建成全民参与、惠益全民的文化民生工程,守护好中华民族共有的精神家园。

作者简介:朱兵,原全国人民代表大会教育科技文化卫生委员会文化室主任。

2021 3
CONTENTS 目录

总第23辑

主　办　上海师范大学
　　　　上海教育出版社
承　办　上海师范大学中国非物质
　　　　文化遗产传承研究中心

名誉主编　冯骥才
主　编　陆建非　缪宏才
副主编　袁　彬　林银光
　　　　戴建国

编委会

主　任　陆建非
副主任　陈　恒　袁　彬
委　员（以姓氏笔画为序）
　　　　王　元　张文潮
　　　　董丽敏

编辑部

主　任　林银光
副主任　徐川山　王　元

责任编辑　毛　浩

刊名题字　陆建非

非遗传承研究

RESEARCH ON INTANGIBLE CULTURAL HERITAGE

‖ 卷首语　Preface ‖

中国非遗立法对非遗保护事业的推动成效　　　朱　兵　1

‖ 法律法规　Laws & Regulations ‖

我国非遗立法中的相关问题及对策建议　　　蔡丰明　4

‖ 调查与报告　Surveys & Reports ‖

依托传承人实现突破
——上海市徐汇区区级非遗项目代表性传承人调研解析
　　　　　　　　　　　　　　　　　　　　金志红　10

‖ 理论研究　Theoretical Study ‖

神话非遗资源向城市文化品牌的创造性转化
——以武汉市大禹神话园为例　　　　　　邓清源　16

基于文化再生产的傩类非遗保护路径探析
——以江西婺源傩舞为例　　　　　　　　方　云　21

重构与溢出
——以"骷髅幻戏图"系列苏绣为例　廖　伏　俞宏清　26

"优质＋均衡"模式助推非遗传承体验　　黄之琳　30

‖ 传承项目　Heritage Projects ‖

作为民间戏曲传承方式的"村班"
——以鲁西南刁庄村花鼓戏村班为个案　　王生晨　35

‖ 传承人风采　Inheritors' Profile ‖

择一行爱一行：两次生命的起点
——山西古交市非遗项目"岔口道情戏"自然传人
　　王谷唤访谈　　　　　　　　闫慧芳　王谷唤　40

甘于寂寞　致力传承
——上海市非遗项目"海派黄杨木雕"代表性传承人
　　陈华明访谈
　　　　　　　　　　　上海市徐汇区非遗办　陈华明　44

非遗传承研究

RESEARCH ON INTANGIBLE CULTURAL HERITAGE

目录 2021 3
CONTENTS

人声传承　口技人生
——国家级非遗项目"口技"代表性传承人牛玉亮访谈

江联营　牛玉亮　49

‖ 非遗进校园　Intangible Cultural Heritage on Campus ‖

以师带徒　薪火相传
——国家级古籍修复技艺传习中心复旦大学传习所人才
培养模式谈　　　　杨光辉　喻　融　李　雪　52

论中华优秀传统文化传承基地的发展范式及其问题
——以上海大学中华古诗文吟诵和创作基地建设为例

刘慧宽　57

‖ 非遗在社区　Intangible Cultural Heritage in the Community ‖

"非遗在社区"试点项目金山农民画的传承　　徐　凯　61

‖ 轶闻口述　Oral Anecdotes ‖

先棉祠标卖案始末　　　　　　　　　　　　郭雪纯　64

放牛娃成为大明星
——著名沪剧演员华石峰的沪剧缘　　　　　陶一铭　67

华兴富和他的红色撕纸作品　　　　　　　　　　　封二

《非遗传承研究》理事会议暨上海师范大学非遗
传承研究中心工作室成立仪式举行　　　　　　　　封三

地　　址　上海师范大学文馨楼
　　　　　C 座 102 室

邮　　编　200234

电　　话　021-64321638

邮　　箱　fyjk2016@163.com

著作权使用声明

我国非遗立法中的相关问题及对策建议

蔡丰明

摘　要： 我国在非遗立法方面已经建立了一个相对完整的系统，并且取得了一定的成效，但是依然存在一些问题与不足。如部分立法理念有待更新，部分立法内容不够明确细化，部分立法体系不够完善，地域特色不够鲜明，执行效率不高等。针对以上问题，必须采取相应的措施予以改进，具体包括：修订现有非遗立法内容，融入立法创新理念；完善非遗立法体系，制定立法实施细则；弥补单一行政法缺陷，构建公权法与私权法相结合的非遗立法模式；加强非遗执法力度，提高非遗立法执行效率；明确非遗传承人权利，完善非遗工作激励机制；加强对非遗立法的个性化研究，及时制定具有地方非遗保护特色的地方特别法与地方专门法等。

关键词： 非遗立法；问题与不足；改善措施

2011 年 6 月 1 日，《中华人民共和国非物质文化遗产法》（以下简称《非遗法》）正式实施，这是我国文化立法历史上的创举，也是我国非遗保护事业发展道路上的重要里程碑。

在《非遗法》出台前后的十年间，我国已经逐渐建立了从国家层面到地方层面的非遗立法体系，这对于我国目前正在深入推进的非遗保护工作来说十分重要。在这样的背景下，提出对我国非遗保护立法的研究非常有必要，一方面可以有效地总结地方非遗保护立法经验，更好地推进我国非遗立法工作向更为深化与细化的方向发展；另一方面也可以及时发现问题与解决问题，纠正原有非遗立法中的一些偏差，使我国的非遗立法工作更好地站在时代的前列。

虽然我国在非遗立法方面已经建立了一个相对完整的系统，并且取得了一定的成效，但是存在的问题与不足也较为明显。尤其是近年来，随着非遗保护工作的深入推进，一些与非遗立法有关的深层次问题，如非遗保护机制不够完善，非遗经营市场缺乏规范，非遗传承人权利难以保障，非遗知识产权遭受侵害等，也开始逐渐暴露出来。这些问题实际上反映了我国目前虽然已经建立了一套有关非遗保护的法律体系，但是这套体系相对而言还不够完善。针对这一事实，我们必须加强对《非遗法》以及地方性非遗保护法规的深入研究，并找到相应的对策，才能更好地完善我国现有的非遗立法体系，更好地推动和发展我国的非遗保护工作。

具体而言，当前反映在我国《非遗法》以及相关地方性非遗保护法规中的问题主要表现在如下几个方面：

一、部分立法理念有待更新

随着非遗保护事业的快速发展，一些有关非遗保护的新理念、新思想逐渐开始形成，它们对于制定我国《非遗法》以及地方性非遗保护法规有着十分重要的作用。但是在我国现有的非遗法律法规体系中，还没有鲜明地体现这些理念与思想，因此十分需要更新与补充。

其一是有关政府主导与民众自主并重的理念。在我国《非遗法》以及地方性非遗保护法规中，较强调政府主导与政府责任的理念，在大量条款中都有十分明确的体现，这是十分必要的。但同时，对于如何在非遗保护事业中坚持发挥民众自主性，更好地实现目前正在积极倡导的非遗社区化保护、"非遗在社区"等工作的目标，条款中缺乏相应的内容与规定。联合国教科文组织在《保护非物质文化遗产公约》中明确指出："缔约国在开展保护非物质文化遗

作者简介：蔡丰明，上海社会科学院研究员。

产活动时，应努力确保创造、延续和传承这种遗产的团体、群体，有时是个人的最大限度的参与，并吸收他们积极地参与有关的管理。"这就说明，在非遗保护事业中，民众参与并且在其中发挥主导作用是极其重要的。然而这些方面的内容，在我国《非遗法》以及地方性非遗保护法规中的体现并不充分。

其二是尊重文化主体权益的理念。我国《非遗法》采取的是以政府主导为主的公法保护模式，带有浓厚的行政法保护色彩。不可否认，行政法对非遗具有强大的保护作用，但是仅仅依靠行政法的保护模式也有其局限性，其中最为主要的一个方面就是非遗的私权尚得不到充足的维护。正如有些文章指出的，我国"非物质文化遗产私权保护理念的迷失，导致相应制度建设的缺失，这将直接影响非物质文化遗产的保护效果，甚至威胁非物质文化遗产的生存环境"。"《中华人民共和国非物质文化遗产法》未能全面关注并规范非物质文化遗产所涉私权领域的权利主体范围……其结果必然导致保护的片面性、局部性和不彻底性"。[1]公法保护模式通过发挥行政权力的有力作用和健全系统的行政法保护机制，整合了非遗资源，这是私法保护模式难以实现的。而私法保护模式以知识产权法律制度为中心，恰恰给原生境人等私权主体提供了相适应的私权保护规范，激发他们传承传播非遗的积极性。因此，在立法保护模式的选择上，应该综合公法保护与私法保护的优点，采取公法与私法相互协调的立法模式，使两者互为补充，设计具体的民事法律保护条款，以公法和私法的综合保护手段促成高度活性的非遗文化生态。

其三是生态保护的理念。非遗保护必须以生态保护为前提，这是我国非遗保护事业进行十多年后得出的一个重要结论。1972年《联合国人类环境会议宣言》指出，人类改造环境的能力如果使用不当或轻率使用，就会给人类和人类环境造成无法估量的损害。传统的发展模式对自然只有开发，没有保护，人类的需要远远超出自然的承载能力，使不可再生的非遗濒危，这是违背生态规律的不可持续的发展模式。因此可以说，如果不对我们所处的自然与文化生态进行保护，就谈不上什么非遗的保护，即使有了这样的保护，也是碎片化的保护，而不是真正意义上对非遗生命体的保护。

在我国《非遗法》以及地方性非遗保护法规中，虽然也有关于整体性保护以及文化生态区保护的内容，但是对其重要性的强调不够，尤其是在相当一部分的地方非遗保护法规条例中，主要还是强调对非遗代表性项目的保护，忽视了非遗资源生态保护的重要性，这是在今后的非遗立法中必须弥补与完善的。

二、部分立法内容不够明确细化

在我国《非遗法》以及地方性非遗保护法规中，还表现出部分立法内容不够明确细化的欠缺。

其一是有关机构建置。在现行的《非遗法》中，没有专门的有关机构建置方面的内容，只规定了现有政府与相关行政机构的保护职责。这就使得我国非遗保护工作开展以后，一些新设机构的建置不能得到法律的支持。尤其是目前在我国非遗保护工作中发挥着重要组织协调作用的非遗保护中心，在这部法律中完全没有涉及，只有在第一章第七条第二款中附带相关的笼统表述，具体条款内容为："县级以上人民政府其他有关部门在各自职责范围内，负责有关非物质文化遗产的保护、保存工作。"这里表述的"其他有关部门"，可以视为包括非遗保护中心，但并不确定，也不直接，法律依据明显不强。另外在其他地方性非遗保护法规及条例中，除极少数省市（如云南省）外，在这一问题上也基本没有清晰的表述。这就使得目前在我国非遗保护工作中起到重要核心作用的大量地方省市的非遗保护中心失去法律的依托，变得可有可无，甚至无所适从。

其二是有关知识产权。在现行的《非遗法》中，尚未在立法内容中直接明确保护非遗的知识产权与民事权利，而是通过第四十四条规定："使用非物质文化遗产涉及知识产权的，适用有关法律、行政法规的规定"，以间接方式对使用非遗过程中的知识产权进行保护。由于非遗并不等同于现代知识产权保护客体，部分非遗虽获得知识产权保护，但权利人多为政府部门、公司企业或者传承人个人，并不能真正满足传承主体群体性权利保护的需要。

非遗知识产权保护问题是我国非遗立法工作中的一个难点，但是又不可回避。随着时代的发展，以及部分非遗资源的市场化步伐加快，非遗知识产权保护问题显得越来越重要。但是在我国目前的非遗立法体系中，有关非遗知识产权保护方面的内容还很少涉及，或者说还存在较多的难点。因为现有的知识产权保护法律主要是针对私权提出的，而非遗知识产权作为一种具有公权性质的产权形式，很难在现有的知识产权体系中得到明确的界定。这一结果造成了我国现有的很多非遗传承人在走向市场的时候，权益受到侵害，却又投诉无门。因此，对非遗知识产权保护问题，必须进行深入的研究，并且通过非遗立法的方式予以明确的规定。

其三是有关传承主体概念及其相关权利。我国现行的《非遗法》中，虽然有对非遗代表性传承人认定条件的明确规定："熟练掌握其传承的非物质文化遗产；在特定领域内具有代表性，并在一定区域内具有较大影响；积极开展传承活动。"但是并没有对"什么是非遗代表性传承人"这一基本概念进行具体的表述。在各个地方性的非遗法规与相关文件中，同样没有对非遗代表性传承人的概念进行具体阐述。这就造成在申报、评审非遗代表性传承人资格，以及对非遗代表性传承人进行评估时，往往会因概念不清而产生异议。

除了非遗代表性传承人外，在我国现行的非遗相关法律法规中，也很少有对"集体传承人""传承团体""传承人群"等重要概念进行具体表述，造成在对各种不同类型的非遗传承主体的认定、考量以及政策扶持等问题上存在很大的不明确性。

在有关传承主体相关权利方面，我国的非遗立法不够明确细化的问题也较为明显。在《非遗法》起草之初，立法草案中包含了非遗的民事主体和民事权利内容，但因主体及权利内容的确定较难，争议较大，最后未能在法律条文中体现。在目前我国已经出台的《非遗法》以及许多地方非遗条例中，对这方面的内容虽然有所涉及，但是并没有进行清晰的阐释。有些地方非遗保护条例在阐述传承主体的权利问题时，更是存在诸多不足。

其四是关于奖励机制。在我国的《非遗法》中，没有专门提及有关奖励方面的内容，只是用"鼓励""支持"等一些较为笼统的字句来表示对非遗保护工作作出成绩的人群的支持（如第二十八条"国家鼓励和支持开展非物质文化遗产代表性项目的传承、传播"）。在大部分的地方非遗保护条例中（江苏省等部分省市除外），也没有专门提到如何对在非遗保护工作中取得较好成绩的人群进行奖励的问题。由于没有奖励方面的法律支持，非遗保护的工作中往往难以建立实际有效的评价制度，使人感到"做好做坏一个样"，对传承人的传承热情激励不足。

三、部分立法体系不够完善和系统

除了立法内容上不够明确清晰以外，我国非遗立法还较为明显地表现出部分立法体系不够完善的问题。我国现行的非遗相关法律法规在性质上属于行政法，是宏观指导、规制政府责任的，规定较为笼统，缺乏具体的实施细则及实施办法，存在很大的立法空白，可诉性较差。随着我国非遗相关法律法规的逐步颁布实施，其法律漏洞、缺陷随之凸显，执法力度不足、难以实施操作等问题也日益暴露出来。这就要求各个地区必须根据自己的实际情况，制定各种具体的实施细则与管理办法，以与国家层面的《非遗法》以及各个地区的非遗保护条例相配套，构成较为完整的非遗立法体系，这样才能做到宏观与微观相结合，对非遗保护工作形成有力的支持。

但是就目前的实际情况来看，除了部分省市出台了相关的实施细则与管理办法以外，有相当一部分省市与地区并没有制定更为细化和具有可操作性的实施细则与管理办法，致使相当一部分立法条款最终并没有落到实处，成为流于形式的"空头文件"。

四、地域特色不够鲜明

从《中华人民共和国立法法》第四章对地方性法规规定的立法事项可知，地方性法规的使命主要有三：一是执行性立法。根据本地政治、经济、文化、社会发展实际需要，对法律、行政法规进一步深化、细化、补充，以提高在本地的实效性、操作性。二是自主性立法。针对地方事务，在不与上位法相抵触的前提下，结合本地具体情况和实际需要，自主进行立法。三是先行性立法。除了《中华人民共和国立法法》第八条规定的事项外，其他尚未制定法律或者行政法规的，地方立法机关可以根据实际需要先行立法。

但是从目前已经出台的28部省市级综合性非遗地方性法规及条例来看，大都存在地域特色不够鲜明、个性化程度较弱的问题。在已颁布实施的非遗地方性法规及条例中，绝大多数采用章节式框架结构，导致内容冗长，多数地方性法规超过40条，最多者达63条。从实施主体看，各地地方性法规均明确了行政主管机关，体现"政府主导"方针，但社会参与内容单薄，仅有的几个条款也是规定诸如"鼓励……"等倡导性、宣示性的条款。

我国学者在《非物质文化遗产地方立法的实证分析》一文中指出："从特色性看，按照就近施行时间，选择华中、华北、华南、西北、东北、西南、华东7个地区的7个省级人大的综合性地方性法规进行比较。逻辑上认为，七地经济水平、自然地理条件、非遗资源等存在明显差异，立法应当各异。实际对比令人意外。以《非遗法》的条款为基准，7部地方性法规与上位法的重合度为40%左右，各地地方性法规平均30%左右的内容与其他省份不同。"[2]这充分反映了非遗地方立法的特色性还有待加强。

五、执行效率不高

证明一部法律是否成功，不但要看其制定法律的观念是否正确，具体的内容是否合理合法，还要看其执行的效率。就目前我国非遗领域颁布的一系列法律法规来看，虽然已经收到了一定的成效，但是在某些具体方面，依然存在执行力不强、没有很好地推行落实的情况。

其一是有关统筹协调机制的问题。非遗保护涉及历史文化、城建、教育、商业、宗教、农业、经信等多个方面。目前我们虽然在立法内容中写入了有关建立统筹协调机制的条款，但是在具体实行中，依然存在着各部门之间统筹协调不完善的问题，互动合作存在一定难度。在法律保护体系上也存在重叠交叉、模糊不清的问题。

其二是关于经费投入的问题。虽然在《非遗法》以及各地出台的非遗保护条例中都明确写入"将保护、保存经费列入本级财政预算"的条款，但是在许多地方依然存在非遗保护经费缺少、投入不足的现象。我国幅员辽阔、民族众多，各地区由于地理和历史等各方面原因，非遗保护水平差异较大，经费投入悬殊。东部沿海地区经济相对发达，非遗保护的经费投入较为充裕，但是在一些贫困地区和少数民族地区，由于经济落后，地方政府无力提供财政保障，经费短缺成为当地政府与非遗保护部门面临的主要难题。例如云南省大理白族自治州每年投入非遗保护中心的经费为10万元，而投入博物馆的经费达1000万元，两者相差悬殊。

其三是关于传承人退出机制的问题。虽然在《非遗法》以及各地出台的非遗保护条例中都明确写入了传承人如果不能正常履责，可以取消其传承人资格，重新认定新的传承人的条款（如《非遗法》第三十一条"非物质文化遗产代表性项目的代表性传承人无正当理由不履行前款规定义务的，文化主管部门可以取消其代表性传承人资格，重新认定该项目的代表性传承人"），但是在实际工作中，真正严格执行传承人退出机制的工作难度很大。由于考评标准不够明确，又涉及具体的人员对象，许多地区虽然制定了有关传承人退出机制的条例与法规，却很少能够真正落实执行。

其四是关于税收的问题。采用优惠的税收政策来激励企业参与非遗保护事业是我国《非遗法》较为明确的思想，如《非遗法》第三十七条明确规定："县级以上地方人民政府应当对合理利用非物质文化遗产代表性项目的单位予以扶持。单位合理利用非物质文化遗产代表性项目的，依法享受国家规定的税收优惠。"在相当一部分地方非遗保护条例中，也有类似条款。但是实际上，国家并没有出台相应的具体的法律法规。在各个地区，也没有真正推出有关从事非遗保护事业的企业与个人可以享受税收优惠的政策。

其五是有关知识产权的问题。由于我国《非遗法》以及各个地方的非遗保护法规条例未能对非遗的知识产权保护问题进行较为明确的阐述，非遗知识产权侵权现象较为频繁，产权

法律法规 Laws & Regulations

人难以对自己的产品进行合法维权。近年来，我国知识产权司法保护工作虽然取得长足进步，但仍然面临知识产权侵权行为多发的问题，实际效果与社会期待相比还有一定的差距。

针对以上问题，笔者提出以下具体对策。

修订现有非遗立法内容，融入创新立法理念。

针对目前我国部分非遗立法理念较为滞后，缺乏时代特色的问题，要及时修订我国现行的非遗立法内容，使当前非遗保护的一些重要创新理念，如政府主导与民众自主并重理念、尊重文化主体权益理念、加强生态保护理念、保护与发展并重理念、活化非遗资源理念等，更好地融入国家与地方非遗立法的精神和具体内容中，使我国国家与地方非遗立法的精神思想更加符合联合国教科文组织提出的非遗保护的基本精神与原则，更加符合我国非遗保护的国情与规律，更加符合广大民众的价值取向与利益诉求。

完善非遗立法体系，制定实施细则。

针对目前我国非遗立法中虽已有大量的保护条例出台，但还不够系统和具体的问题，必须进一步完善法律法规保护体系，逐渐形成国家层面的法律、地方层面的法规及保护条例、地方层面具有可操作性的实施细则与管理办法的三位一体的非遗立法体系，使非遗立法内容更具有可行性与操作性。

各地要尽快制定各种与法律法规相配套的非遗保护工作实施细则与管理办法，如非遗代表性项目保护办法、非遗代表性传承人认定与管理办法、非遗抢救性保护记录工程实施管理办法、非遗代表性传承人评估办法、非遗项目保护示范基地命名与管理办法、非遗生产性保护项目办法、代表性项目评定与管理办法、非遗代表性项目人才培养与管理办法、非遗资金使用与管理办法、非遗数据库建设管理办法等，有力保障非遗保护工作的有序开展，使非遗保护工作走上依法保护、依法管理、依法利用的良性发展轨道。

弥补单一行政法缺陷，构建公权法与私权法相结合的非遗立法模式。

我国的非遗立法主要是公权性的行政法，缺乏私权性的产权法，对此，要加强有关制定非遗私权法的力度，逐渐构建起非遗公法与私法相结合的非遗立法保护模式。公权作为一种主要作用于公共领域的权力，具体表现为保护公共权力、公共利益和上下服从关系、管理关系、强制关系等，这对于目前我国的非遗保护事业来说是极为必要的。它有利于维护民族特色，提升国家软实力，更有助于非遗保护宗旨的实现。但由于非遗涉及的利益主体除了公共利益之外，还涉及很大一部分个体和群体利益，而我国现行的公法保护模式未能全面适用于非遗的保护与传承，因此，必须采取私权立法的形式予以有效弥补，汲取各家所长保护非遗。在行政法保护主导下，充分发挥社会民众、企业等保护主体的积极性，兼顾知识产权的保护，加强对非遗的著作权、专利权和商标权的保护，形成公法和私法相结合的综合保护模式，这样才有利于形成全方位、多层次的立法保护体系。

加强非遗执法力度，提高非遗立法执行效率。

针对目前我国非遗执法力度不强、执行效率不高的问题，要加大非遗立法的执行力度。一是加强对政府部门的有效监督，保证政府部门按照立法规定实行对非遗保护工作的财政投入，对有条件投入但不作为的政府部门要进行追责。二要及时制定和完善具体的评审制度与考核制度，出台各种具体可行的评估办法以及量化标准，对现有的非遗项目、非遗传承人、非遗保护单位进行严格的评估考量，对考核不合格的非遗传承人和非遗保护单位，要敢于动真格，严格执行退出制度。三要尽快出台国家层面与地方层面的税收优惠政策，区分非遗保护企业与其他企业的税收，让非遗保护企业真正享受到税收政策的优惠。四要加大对非遗知识产权的保护力度，力求将知识产权的法律制度真正落实到非遗领域，并将知识产权规定的权利主体范围扩大至除代表性传承人以外的其他非遗传承群体。五要做到非遗立法的协调统一，避免因多重立法而使非遗的相关法律保护制度间出现冲突，确保非遗的法律保护发挥实效。在地方上，可以设立地方立法协调机构，建立区域立法协作模式，更好地保证地区间立法的一致性。

明确非遗传承人权利，完善非遗工作激励机制。

针对目前我国非遗立法中传承人权利不够明确的情况，要在立法中加强对传承人权利内容的阐释。有关传承人的权利不但应该包含基本的民事权利，还应该考虑增加传承人享有政府提供的定期生活补助、健全的医疗保障、医疗保险制度等方面的权利。只有这样，才能吸引更多的社会人群加入非遗传承的队伍。此外，可以通过构建传承人利益分享制度的方式，来加强对传承人的利益保护，即权利人在利用非遗进行营利活动时，可与权利主体所获取的利益进行合理分配。此外，应在非遗立法中设立切实可行的鼓励激励机制。对发现并推荐非遗传承人的单位和个人，给予一定鼓励和激励，激发全社会发现、推荐、尊重非遗传承人的热情，营造良好的非遗保护社会氛围。

加强对非遗立法的个性化研究，及时制定具有地方非遗保护特色的地方特别法与地方专门法。

针对目前我国非遗立法中地方特色不够鲜明的问题，应当加强对非遗立法的个性化研究，及时制定具有地方非遗保护特点的地方特别法与地方专门法。目前我国各地出台的地方非遗法规，大都属于地方基本法类型，其主要内容是非遗保护意义、范围、对象、职任以及项目申报程序等，这当然是十分有必要的。但是这些法规大多较为笼统，没有更具体的针对性，对一些具体的保护方式与保护项目，例如有关非遗生态区保护方法、生产性保护方法、民族地区特色项目保护方法、跨地区/跨国界项目保护方法、中医药项目保护方法、老字号项目保护方法、戏剧曲艺项目保护方法等，都缺少专门的法规文件。这造成许多地方非遗保护条例内容雷同笼统，既没有针对性，也没有地域特色。因此，今后在地方性的非遗立法体系中，要加强地方特别法与地方专门法方面的立法比重，将具有个性特点的非遗保护模式与保护方法列入非遗立法体系，以此丰富国家非遗上位法的具体内涵，增强非遗立法的针对性与可操作性。◆

参考文献：

[1]高轩，伍玉娣.非物质文化遗产的私权性及其体现——以《中华人民共和国非物质文化遗产法》的缺陷为视角[J].河北学刊，2012（5）：153—154.

[2]李涛.非物质文化遗产地方立法的实证分析[J].湖湘论坛，2018（5）：139.

依托传承人实现突破

——上海市徐汇区区级非遗项目代表性传承人调研解析

金志红

摘 要：近年来，非遗保护工作备受重视，各级非遗代表性传承人是非遗的重要承载者和传递者。上海市徐汇区文化和旅游局对全区健在的95名区级非遗项目代表性传承人开展了一次问卷调查，通过代表性传承人这一载体，详细掌握徐汇区非遗传承的现状，了解非遗传承工作中存在的问题和短板，并通过后期的查找与分析，制定相关政策，实质性地推进徐汇区非遗传承工作进一步发展。

关键词：非遗；代表性传承人；调研

非遗作为一种主要以口传心授方式传承传播的文化形式，其传承主要依靠人来实现。在非遗的保护与传承过程中，非遗代表性传承人有着极为重要的作用。在当前的情况下，加强对非遗代表性传承人问题的考察与研究，对于非遗保护工作的推进有着十分重要的意义。截至2021年6月，上海市徐汇区共有各级非遗名录项目42项，其中国家级项目4项，上海市市级项目20项，徐汇区区级项目18项；相继公布区级非遗项目代表性传承人（以下简称"传承人"）14批，共计95人。徐汇区多年来在非遗项目的申报与保护、传承人的认定与扶持，以及"非遗在社区""非遗进校园"等推广活动方面都取得了一定的成绩。徐汇区文化和旅游局对全区健在的95名区级非遗项目代表性传承人开展了一次问卷调查，旨在详细掌握徐汇区非遗传承的现状，了解徐汇区非遗传承工作中存在的问题和短板，并通过后期的查找与分析，制定相关政策，实质性地推进徐汇区的非遗传承工作进一步发展。

一、调查内容与方法

本次调查针对全区健在的区级非遗项目代表性传承人共95人。

调查内容主要有四项：传承人自身条件情况、工作参与情况、获得支持力度情况、主要诉求情况。在每一个大项中，又设定了一些小的指标，如在"传承人自身条件情况"一项中，设定了年龄、性别、学历以及信息掌握程度等几个指标；在"工作参与情况"一项中，设定了参与活动、收徒带徒、参与培训等几个指标；在"获得支持力度情况"一项中，设定了经费、场地、宣传、联系等几个指标；在"主要诉求情况"一项中，设定了经费、场地、宣传、联系等几个指标。这些内容与指标的设定，基本上可以反映当前徐汇区传承人的大致情况。

本次调研以问卷调查的方式展开，通过保护单位共发放95份问卷，收回80份问卷，其中6份为废卷和重复问卷，因此实际收回有效问卷74份。该74份问卷涵盖全区每一个保护单位，所得问卷真实有效。无论是单项还是多项选择题，每个选项百分比计算公式均为：每个选项选择的人数/收回的问卷总数（74）。对于多项选择题，由于同一个人选择了多个选项，不能简单将不同选项人数相加。

二、调查结果及相关解析

本次调研针对传承人自身条件情况、工作

作者简介：金志红，上海市徐汇区非遗保护办公室主任。

参与情况、获得支持力度情况、主要诉求情况四个方面展开调查和相关解析。

1. 传承人自身条件情况及其解析

传承人自身条件情况，主要包括传承人的年龄、性别、归属地、学历、职业、健康，以及对非遗信息的了解程度等方面。

年龄方面，23名传承人超过70周岁（1950年1月1日之前出生），占比31.1%；44名传承人年龄41—69周岁，占比56.7%；7名传承人年龄在40周岁以下（1980年1月1日以后出生），占比12.2%。

性别方面，男性占74.3%，女性占25.7%。

归属地方面，62人的保护单位归属于街道（包括12位为街道和公司共同归属），占比83.8%；12人归属于公司类保护单位，占比16.2%。

学历方面，16人学历为初中以下，占比26%；硕士及以上学历1人，占比2%。

职业方面，超过一半（58.06%）的传承人为退休或退休返聘人员；在职者仅三分之一稍多（35.48%）；自由职业或自营公司/民非的仅2人（两者相加，占总数不到3.2%）。

健康方面，大部分被调查人员表示身体健康情况较好，可以承担传承任务；只有3名（5%）传承人明确表示身体不佳，无力传承。

在收集到的填写了答案的62份问卷中，超过四分之一的传承人不清楚自己的归属（应为保护单位），其中甚至不乏一些较为活跃的传承人。其余12份未做填写的问卷，也可默认为不清楚自己的保护单位；对传承人级别的了解情况稍好，但是依然有7名传承人填错自己的级别或表示不清楚；超过八成（82.26%）的传承人能正确说出自己的保护单位，有近两成的传承人说错或说不上自己的保护单位。

以上的调查结果说明，总体上看传承人都有较为稳定的归属定位，身体情况较为良好，传承积极性较高，而且大多为国营单位的退休人士，具有较为稳定的收入和较为宽裕的闲暇时间，这些都有利于促进传承人做好非遗的传承保护工作。但是调查结果同时也显示出传承人年龄偏大，学历层次偏低，在年龄、学历、学养等方面存在着结构性缺陷。尤其是较少年轻人加入非遗保护传承的队伍，造成后继乏人

的状态。传承人对非遗相关信息的掌握较为滞后，许多传承人不清楚自己项目的保护单位与保护级别，某种程度上说明他们对非遗工作的关心度不够，保护责任意识不强，这些都需要及时改进。

2. 传承人工作参与情况及其解析

传承人的工作参与情况主要是指传承人根据《中华人民共和国非物质文化遗产法》（以下简称《非遗法》）要求，参与政府与保护单位组织的各种相关工作，包括传承、带徒、培训等。

参加传承活动方面，近二分之一（43.55%）的传承人每年参加非遗传承活动的次数超过10次，近四分之一（22.58%）的传承人每年参加非遗传承活动的次数少于3次。从传承人的意愿来看，传承人积极参加各类传承活动的意愿强烈，超过八成（82.26%）的传承人表示"非常愿意"和"愿意"参加各类传承活动。仅有1人（87岁，刚做完手术）明确表示不愿意参加非遗传承活动，比例不到1.6%。

收徒带徒方面，有68位（71.58%）传承人已经收有徒弟，其余的大多是年轻的传承人，尚未收徒。学生人数从1人到1000人不等，绝大多数是在校学生（43.55%）和公司职工（37.1%）。徒弟的来源，近七成（67.92%）为自愿报名，"保护单位指派"也占了近六成（58.49%），行政部门指定的学徒仅占3.77%（其中包括部分在自愿报名基础上，由保护单位选派参与非遗学习的情况）。从项目角度看，自愿报名的学生适合学习周期短、成果见效快的项目，例如剪纸、面塑等；另一部分项目如书画装裱技艺，由于学习周期长，需要长期固定一对一传授，因此学徒来源大多为"保护单位指派"。从保护单位的角度来看，如果保护单位为街道办事处，由于其非遗项目与街道发展结合，因此借助街道宣传平台在社区招生，自愿报名的学生较多；而如果保护单位为企业，则大多采用指派的方式进行传承，带徒收徒人数少，后继乏人现象依然较为严重，受访传承人认为原因主要在于爱好者少、待遇低、就业渠道狭窄，此三项的选择人数依次为48.39%、38.71%和37.10%。由于学习周期不够长，加上收徒困难的缘故，传承人对学徒水平的满意度不高，填写"满意"的还不到两成（16.13%），

11

填写"尚可"的为38.71%，不满意率高达四成（45.16%）。

参与培训方面，觉得自己"需要参加培训"和觉得自己"不需要参加培训"的传承人各占一半。询问部分传承人后得知，他们对培训的内容不感兴趣，他们希望能听到更符合自身项目特点的培训内容，而不是无针对性的非遗讲座。在选择希望参加培训的内容时，有七成传承人选择"政策法规类：解析非遗相关行业的相关政策法规"；其次是"前瞻导向类：实时解读文化领域新政策、新模式、新态势"，占近七成；再次是"专业技术类：非遗专业能力技能提升系列课程"，占近六成。在选择希望参加培训的形式中，近九成的传承人选择"专题讲座（半天）"的模式，有超过五成的传承人没有填写该项，选择"实践教学（一天）"和"专业论坛（2—3天研讨会）"模式的传承人分别占五成和三成。在选择培训师资时，超过七成的传承人选择"艺术或技艺大师"。同时，也有近七成的传承人选择知名学者，其次是选择一线专业人员，也有一部分传承人选择其他。在填写"参加培训的目的"这一选项时，选择"提高自身素质"的占78%，选择"开阔视野"的占65%，选择"寻找合作机会"的传承人占51%。可见，广大传承人还是把非遗培训作为一门课程，而非一个交流合作的平台和机会。这也从另一个角度证明，广大传承人的市场意识还有待加强。在填写"参加培训是否愿意承担费用"这一选项时，选择"愿意"的仅过两成（20.97%），近四成（38.71%）传承人选择留空（实际上就是不愿意），其次是表示"看情况"，过三成（30.65%），还有近一成（9.6%）传承人明确表示"不愿意"。

传承人参与工作情况的调研内容，主要是针对非遗传承人的工作参与情况设置的。调查结果表明，从总体上看，传承人对这些年来由政府主导的传承、带徒、培训等工作的参加积极性较高，主动意识较强，基本上达到了《非遗法》以及非遗行政管理部门对传承人的要求。尤其是从目前传承人带徒的比例已经达到72.58%这一数据来看，徐汇区在传承工作的开展以及传承机制的维护上已经取得了一定的成绩。但是某些指标仍相对不理想，例如参与活动的人数比例依然相对较低，后继乏人现象依然较为严重，带徒收徒的难度依然较大等。尤其是在一些具有实际效果的指标方面，还有许多需要提高之处。例如传承人对所收徒弟的质量不甚满意，对某些培训的效果也不甚满意等，这都反映出这些方面的工作虽然已经开展，但是实际效果依然有待提高。造成这些不足的原因有多方面。在传承人参与活动方面，某些传承人对非遗传承活动不重视或不了解，是参与度不足的主要因素，但也不排斥政府部门以及非遗保护单位在信息沟通、组织推动上存在欠缺。在收徒困难方面，爱好者少、待遇低、就业渠道狭窄是主要原因，这一问题具有一定的普遍性。因此，改善传承人的生活条件和工作环境，提高非遗传承人的社会地位，是解决收徒困难的关键所在。在培训方面，课程内容缺乏针对性，课程形式较为单一刻板以及授课教师水平有限等，是造成部分培训课程不能吸引传承人积极参与的主要原因。因此，必须对传承人培训课程的内容、形式以及师资配备进行调整与改进。

3. 获得支持力度情况及其解析

支持力度，主要是指政府部门以及保护单位对传承人开展传承工作的各种支持情况，包括经费、场地、宣传推广、信息沟通以及传承人对政府与保护单位支持的认同度等。

经费支持方面，超过半数的受访传承人表示，保护单位给予的支持资金为每年5万元以下，其中有五分之一的传承人表示保护单位每年的支持为0元。

场地支持方面，77.42%的受访传承人表示，保护单位对其传承工作提供了固定场地的支持；16.13%的受访传承人表示没有固定场地；有6.45%的传承人未填此项。在这些场地中，有专门传习馆的占9.14%，有专门工作室的占13.21%，合用固定场地的占16.26%，其他形式固定场地（如在社区中为居民上课）的占24.39%，建立时间大多在2003年之后。场地提供者大多为保护单位，除了社区文化活动中心之外，也有一些是由作为保护单位的企业提供的。

宣传推广方面，41.94%的传承人对非遗相关的法规表示了解，41.94%的传承人表示有所耳闻，14.52%的传承人表示不了解，有1.61%的人此项未填。而对非遗政策的了解情况更加不容乐观，表示了解的仅有22人，占比为35.48%。在接受调查的传承人中，超过四成（45.16%）的传承人表示其项目有非遗项目微信公众号或平台，四成（40.32%）传承人明确表示没有推广平台，有近一成（9.68%）的传承人表示不太了解。

信息沟通方面，超过七成的受访传承人表示在2020年内，其保护单位跟自己主动联系的次数超过5次（"经常"），近一半（48.49%）的受访传承人表示保护单位与其联系的次数超过10次（"频繁"）；有4名传承人表示保护单位从未与其联系过。

认同评价方面，超过八成（82.26%）的传承人给予自身项目保护单位"非常好"和"很好"的评价，仅3名传承人表示保护单位对其没有支持。

关于成立区非遗协会方面，56.45%的传承人表示"非常有必要"，32.26%的传承人认为"有必要"，仅有6.45%的传承人认为"无所谓"。

政府行政部门与非遗保护单位对非遗传承人的支持力度，是我国"政府主导，社会参与"的非遗保护模式的具体体现，也是传承人最为关心的问题。从此次调查的结果来看，大部分传承人对政府与保护单位给予他们支持的情况是比较满意的，尤其在场地方面，保护单位大多为传承人提供了较为理想的条件。但是由于传承人人数较多，覆盖面较大，因而政府与保护单位的支持力度离部分传承人的实际需求还有一定的距离。尤其是在资金扶持、宣传推广以及信息沟通等方面，还有待进一步提高。我们应该为传承人的工作提供更多的财力、物力支持，搭建更好的宣传推广平台，使非遗传承人能够心情舒畅，更有信心地投入非遗传承工作，为徐汇区的非遗保护作出积极贡献。

4. 主要诉求及其解析

主要诉求，是指传承人在开展传承工作时对某些客观条件的要求与愿望，具体包括开展活动的经费、场地以及平台等。

总体诉求方面，资金、宣传、场地排名前三位。其中，近七成的传承人需要资金的支持。

其次，有六成的传承人需要宣传上的帮助，还有四成多的传承人需要场地支持。

场地诉求方面，关于现有传承空间的面积，超过四成（41.94%）的传承人表示"不够"，近四成（38.71%）的传承人表示"尚可"，表示"足够"的不到两成（19.35%）；有12人对传承空间的面积提出具体要求，要求从20—800平方米不等；有4人对单独的传承空间提出要求，例如需要专用工作室、独立的展示厅、固定的场所等；仅有1人表示项目不需要空间。

作品市场化诉求方面，传承人对于将其作品市场化表示"愿意"的超过六成，其中有8.06%的传承人由于对非遗作品市场化价值和前景不确定，没有填写此项。

对非遗管理部门与非遗保护单位的诉求方面，大多数传承人肯定了区级非遗行政管理部门的工作，有几位传承人提出对非遗项目进行政策扶持、资金补贴的要求；传承人大多不希望非遗保护单位有经常变更的情况，如有些传承人提出，不少保护单位落在街道，而由于街道领导变动对项目的保护有影响，于是有少数传承人提出与保护单位进行更多互动的要求。

对传承人诉求的调查是与前一项支持力度的调查内容相辅相成的，主要是调查传承人对政府部门以及保护单位的具体要求。从这一部分的调查结果来看，经费、宣传、场地是传承人目前最需要得到帮助与扶持的，也是仅靠传承人本身的力量较难解决的。但是具体到个人，各调查对象之间存在一些差异。例如有些非遗项目的市场化程度较低，难以通过自我造血的方式获得资金来源，因此这些项目的传承人往往比较看重政府与保护单位的经费支持。而有些项目的市场化程度相对较高，可以通过自身的市场经营得到一定的资金支持，因此这些项目的传承人最关心的不是资金的扶持，而是如何借助政府推动来扩大影响，加大产品的宣传和推广力度。因此，在进行具体的政策扶持时，也要具体情况具体分析，因项目而异。另外，应该进一步加强非遗管理部门的制度建设与岗位建设，形成较为稳定的人员队伍，建立较为稳定的管理制度、监督制度、激励制度，为传承人建立更为规范、合理的工作保障，使非遗传承人能够做到心中有数，工作有据。

调查与报告

Surveys & Reports

三、对策与建议

针对以上调查结果以及相关解读，我们认为徐汇区的非遗传承人工作经过多年的努力与发展，总体上已经走上了一条较为良好的发展道路，具体表现为：已经形成一支相对较为稳定，具有一定数量的传承人队伍；传承人承担的各项主要工作，包括技艺传承、收徒带徒、参加培训等基本能够正常开展；政府部门与保护单位基本上为传承人提供了必要的经费、场地、宣传推广等方面的条件与支持；传承人对非遗保护与传承工作的积极性相对较高。但是，在传承人的自身条件、工作状况，以及政府与保护单位对他们的支持力度与实际效果等方面，仍有继续改进与提高的必要。这主要表现为传承人的年龄偏大，学历偏低，掌握信息量较小，工作条件有限，市场开拓能力较弱，以及政府部门与保护单位在资金、场地方面投入不足，与传承人之间的联系不够紧密等。

鉴于以上实际情况，我们提出以下几点对策与建议：

1. 改变现有人员结构，及时补充后备力量

针对目前徐汇区传承人年龄老化、后继乏人的情况，要采取各种措施及时改变现有人员结构，积极补充后备力量，通过各种奖励政策吸引年轻人从事非遗事业，拜师学艺，安于本业。对积极收徒带徒的传承人要给予一定的奖励，以激发他们传承带徒的积极性。工艺技术学校等专业学校定向培养有志于从事非遗的人才，使他们的才艺能够在工作实践中得到真正的运用。

2. 提高传承人学历学养，加强传承人责任意识

针对目前徐汇区传承人学历较低，学养不高，部分传承人责任意识较为淡薄的情况，要为传承人创造更多的机会提高学历学养，通过组织传承人进修、培训，参加各种展览展示、文化交流等方式，使传承人进一步强基础、拓眼界、增学养，提高自身素质。通过各种培训教育和组织学习的方式，使传承人了解《非遗法》、非遗保护条例、传承人考核标准等知识信息，加强传承人的责任意识，激发传承人对非遗事业的热爱。

3. 提高活动频率，加大社会融入

针对目前徐汇区传承人参加传承工作与社会活动次数较少、频率较低的情况，要努力提高他们对非遗活动的参与度。通过民俗文化节、非遗精品展、非遗宣传日以及各种传统节日中非遗活动的举办，吸引传承人积极参与。鼓励传承人更加主动地在社区、校园、楼宇中发挥主导作用，并带动其他人群共同投入非遗的保护、传承和宣传活动。

4. 改善传承机制，构筑传承基础

针对目前徐汇区传承人收徒带徒较为困难的情况，要逐渐改善传承机制，积极扶持家族传承、师徒传承、学校传承三种传承模式。逐渐增加区级传承人的数量，并在此基础上孕育培养更高级别的市级传承人乃至国家级传承人。逐渐形成国家级、市级、区级三级传承人的金字塔结构，构筑更为牢固的传承机制与传承基础，培育更为有利的传承土壤与环境。

5. 提高培训质量，改善培训内容

针对目前徐汇区传承人提出的培训课程内容不够实际、培训效果不明显的情况，要努力改变培训的内容与形式，积极探索培训课程的针对性、合理性、多样性、实际性和趣味性，使传承人能够通过这些课程的学习，真正有所收获，有所帮助。逐渐建立适合非遗培训的师资队伍，真正把既具有较高讲课水平与丰富知识，又较熟悉非遗保护工作的讲师请上讲台，而不是片面追求讲师的名气。

6. 增加经费投入，扩充传承场所

针对目前徐汇区传承人有着较大诉求的经费、场所等问题，区政府与区文化部门要积极采取措施，增加经费投入，扩充传承场所。建议在每年的区政府财政预算中设立非遗专项资金，给予每位传承人一定额度的经费资助。建议利用区内的一些可用空间资源，如小区空闲房屋、学校闲置教室以及街道文化中心的一些文化活动场所，为传承人创造更多的工作空间。建议在区内已有的各种文化创意园区中建立非遗传习所与非遗陈列室，使传承人有更多的用武之地。

7. 加强信息交流，增强宣传力度

针对目前徐汇区传承人信息获取渠道较少、社会影响较弱的情况，要积极建立政府部门、

保护中心与传承人之间的信息交流渠道，通过网络、微信、公众号等形式，把有关非遗的信息及时向传承人告知与传递，并通过这些手段及时听取传承人对非遗活动的反馈意见。加强对非遗传承人的宣传推广力度，通过各种新闻报道、专题访谈、图片影像等方式，具体介绍传承人的事迹与活动，广泛宣传传承人的产品与技艺，为传承人扩大社会影响搭建广阔的平台。

8. 建立规范制度，完善管理体系

针对目前徐汇区传承人提出的非遗传承和保护工作部门人员变动频繁、工作缺乏稳定性等情况，要逐步建立规范的岗位制度与人事制度，努力做到非遗传承和保护工作有稳定的专职岗位、稳定的人员队伍和规范的管理措施。

及时制定有关传承人工作的政策法规与文件，包括传承人资金投入使用制度、传承人资格评审制度、传承人工作绩效评估制度以及传承人奖励与退出制度等，使全区非遗传承人的工作更有效、规范地推进。

本次调研，对于徐汇区的非遗传承和保护工作有相当重要的指导意义。对于未来的非遗传承和保护工作，我们计划继续依托传承人，在非遗传承和保护理论研究上开拓新的思路，实现突破，如通过编写非遗读本、举办研讨会等形式，深挖非遗项目内涵，鼓励传承人更多地参与到非遗保护和传承工作中来。同时，通过鼓励和支持传承人将其成果转化，进一步推进徐汇区的非遗传承和保护工作，为徐汇区非遗的未来发展提供更多新的思路和方法。◈

（上接第 20 页）

化品牌的创造性转化，既要与市民社会相适应，又要注重文化精品的打造；既要注重文化环境的浸润影响，也要注重传承人的带动作用。在转化过程中，更不可忽视传承人的保护与培养。◈

参考文献：

[1] 郭沫若：中国古代社会研究 [M]. 北京：商务印书馆，2011：74.

[2] 顾颉刚，童书业 . 古史辨 [M]. 海口：海南出版社，2005：575—595.

[3] 郭沫若 . 中国古代社会研究 [M]. 北京：商务印书馆，2011：323.

[4] 翟慧敏 . 生态人类学视阈下的"文化生态"及其在生态文明建设中的价值探究 [J]. 中央民族大学学报（哲学社会科学版），2017（1）：78.

[5] 武汉印象：大禹神话园 [ZN/OL]. 搜狐网 https://www.sohu.com/a/157160630_295804.

[6] 武汉新增 2 家国家一级博物馆 [ZN/OL]. 武汉市文化和旅游局官网 http://wlj.wuhan.gov.cn/zwgk_27/zwdt/jdxw/202012/t20201223_1568633.shtml.

神话非遗资源向城市文化品牌的创造性转化

——以武汉市大禹神话园为例

邓清源

摘　要： 神话非遗资源是本民族和国家宝贵的精神文化财富，引导促进神话非遗资源向文化品牌的创造性转化，一方面为神话非遗资源的传承提供了新的途径，另一方面，神话非遗资源赋予城市文化新的内涵，助力城市文化产业的发展。武汉市民曾寄希望于大禹神话园成为武汉的"城市文化符号"，但大禹神话园的文化影响力逐年式微。本文从大禹神话的传承现状、发展过程的转危为机以及大禹神话与城市文化整合创新三个方面，来探讨神话非遗资源向城市文化品牌创造性转化的可能性与可行性。

关键词： 神话资源；文化品牌；创造性转化；大禹神话园

神话传承至今，它除了带给人们对历史、对自然、对人类自身的思考，还随着历史的发展不断地自我调整。回顾人类社会的现代化进程，中外出现了很多神话资源转化的探索。在经济全球化、文化多元化的今天，塑造城市的文化品牌是城市保持地域文化，凸显自身特色的重要手段，而神话非遗资源是塑造城市文化品牌的重要来源。武汉市建立大禹神话园的目标是成为武汉的"城市文化符号"，但开园时几十万人参观的热潮过去之后，今天的大禹神话园已经渐渐不为人所知。

一、传承现状：活跃于研究，渐隐于生活

我国大禹神话的研究是伴随着神话研究的兴起而逐渐发展起来的。20世纪初受"西学东渐"的思想影响，各阶层仁人志士不断引进外国文学作品。其中，"神话"这一概念被引入文学和历史两大领域，学者们借助"神话"这一途径来探索讨论民族、文学和历史的起源。大禹作为上古洪水神话的重要主人公之一，成为神话研究的重要对象。但是在学术界研究逐渐深入的同时，大禹神话在普通民众中的传承与传播却逐渐弱化，许多民众只知大禹其名而不

知大禹神话本身。

1. 大禹神话研究滥觞百年

中国古代文献中是没有"神话"这个名词的，梁启超在他于日本横滨创办的《新民丛报》上发表的文章《历史与人种之关系》里，第一次使用了"神话"这个词。1922年，梁启超在《太古及三代载记》中提出，古籍记载中华民族的上古史上发生的大洪水有三次，分别是"女娲氏积芦灰以止淫水是也""共工氏触不周山是也""鲧禹所治也"，[1]这是大禹神话首次进入学术研究的视野。从梁启超开始，后来学者也开始关注洪水神话及大禹神话研究。

当时，许多论著和学者都借鉴神话学的观点，从不同角度论及大禹神话，提出了许多新的见解。顾颉刚在1923年提出他的古史构建"层累说"时，以大禹问题为案例对其做了通盘的研究。他认为大禹是由上帝派下来的"神"，而不是"人"，这一观点一扫将大禹看作夏朝的开国圣王的传统认识。1937年，顾颉刚和童书业合写《鲧禹的传说》，除对上述观点又作了更透彻的论证外，还提出禹的神职是"山川主神"，是"社神"，也是古籍中提到的"后土"和"句龙"等。[2]郭沫若在《中国古代社会研

作者简介：邓清源，华中师范大学国家文化产业研究中心 2020 级博士研究生。

究》(1930)中提出"禹当得是夏民族传说中的神人"的见解。[3]

大禹神话在神话学滥觞之初就成为重要的研究对象,无论是史学、文学,抑或是人类学的研究,都能在大禹神话中找到自己需要的研究对象。一方面,当时的社会希望通过对上古神话的研究来探寻具有现代性的价值意义;另一方面也说明了大禹神话本身内涵丰富、外延广阔。大禹神话的研究伴随着中国神话学的发轫不断发展,早期研究学者多关注于论证大禹是神还是人,以顾颉刚为代表的"古史辨"派认为大禹是"神话历史化"的结果,与此同时,也有一些学者从其他学科视角来研究大禹神话。

冯承钧的《中国古代神话之研究》(1929)认为,中国的洪水和西方《圣经》中的洪水性质不一样,他以古籍中记载的大禹为例,证明中国的洪水神话包含了治水的意义。王国维在《古史新证》中采用历史研究的"二重证据法",以地下材料《秦公敦》和《齐侯钟》,参证先秦古籍,考证出大禹实有其人,大禹治水也实有其事。到目前为止,仍有学者在试图证实大禹在历史上确有其人。徐旭生在《洪水解》中通过梳理古籍弄清楚"大禹治水"的全过程、主要方法,其中也包括鲧治水失败的原因。程蔷的《鲧禹治水神话的产生和演变》讨论了鲧禹治水神话的本来面目,大胆提出鲧禹神话在被《山海经》记录的时候就已经被流传者改编了。

大禹神话的研究在长达一个世纪的时间里,一直是神话学、人类学、历史学、考古学等领域的研究热点。21世纪以来逐渐形成了全国各地研讨、海峡两岸互动的研究态势。对比学术研究领域百花齐放的热闹景象,大禹神话在民间的传承传播却呈现式微趋势。

2. 民间口头传承不断弱化

大禹神话传说的保存大体上以三种方式为主。一是保存在文献典籍之中,例如《山海经·海外北经》记载"禹杀相柳",《墨子·兼爱中》记载"禹治水",《太平广记》中《戎幕闲谈·李汤》记载"禹伏无支祁",《集仙录·云华夫人》记载"瑶姬助禹",《滇南杂志》记载"禹制铁柱",《巫山县志》记载"禹斩龙"等。二是以实物的方式保存,例如河南洛阳的禹王池,池中所立巨石相传为大禹开凿龙门时

所用的工具,岳麓山巅的禹王碑则记述了大禹治水的丰功伟绩。三是保存在民间的口头上,即民众口口相传的大禹神话以及传说,活在民众的记忆里。

我国大禹神话的传承发展经历了漫长的变化过程。20世纪初期,学人受国外民间故事书籍影响,意识到民间文学材料的搜集整理尤其重要,大禹神话的搜集和记录逐渐起步。20世纪80年代中国开始民间文艺三大集成的搜集整理工作,这一普查性的工作较充分地挖掘和保存了大禹神话的全貌。现如今,市面上出现了大量的记载了大禹神话的故事集,还有许多以大禹神话为基础改编、创作的文学作品,以及以影像方式存在的纪录片、电影等。对大禹神话的传承而言,多样化的传播媒介扩大了大禹神话的传播范围,与此同时,科技的进步也使得神话、传说赖以流传发展的口承文化环境发生巨大变革。信息化时代的到来方便了人们的生活,但也潜移默化地"剥夺"了口头传承的机会。

2016年"大禹治水传说"入选湖北省第五批省级非遗名录,2021年"禹的传说(大禹治水传说)"入选第五批国家级非遗名录(扩展名录),但大禹传说的口头传承仍逐渐弱化。年逾古稀的程涛平是武汉大禹治水传说的市级代表性传承人,他以社区、居住地附近的中小学为阵地,主动讲解大禹治水传说;黄国华、张引娣等区级代表性传承人,则是立足工作单位,向全国各地来晴川阁访问大禹治水遗址、遗迹的游客宣传和介绍武汉地区大禹治水传说。然而相较于以往人们口耳相传的传播方式,当下这种宣讲、介绍的方式使得民众处于一个被动接受的地位,最终很难形成讲述者与接受者之间的互动。

在神话的接受过程中,神话内容的再造承载着后人对神话的理解与阐释,人们在保留大禹神话基本要素的基础上,结合武汉本地的地域文化特点,再造出诸多大禹治水传说,这是历史与民众共同创造的作品。但这些传说正在逐渐变成观赏的"标本"、历史的记忆,它们不再拥有活态存在的文化环境,亟需各方力量伸以援手。

二、转危为机:政府主导建成神话雕塑园

2004年武汉市计划在长江、汉水与京珠高

速公路围成的包括老汉阳地区在内的扇形地带建设武汉新区，面积达 368 平方千米。而汉阳江滩的第一阶段工程就在晴川阁至长江大桥之间 400 米的滩地上进行。当时负责新区建设的副指挥长程涛平在把握建设汉阳江滩要有厚实的文化根基的原则上，确定了在汉阳江滩用雕塑形式表现大禹治水的历程，与晴川阁祭拜的大禹相呼应。当时设计建设大禹神话园是一举多得的：首先，大禹神话精神符合武汉城市的文化传统；其次，神话园雕塑满足了武汉城市和市民不同层面的多重文化需求；最后，神话园的建成为大禹神话的传承提供了新的机遇。

1. 城市文化的传统

任何城市的发展都离不开其文化传统，都要在文化的历史积淀和传承转化中塑造城市性格。武汉处于九省通衢的地理中心位置和荆楚文化的核心区域，武汉的城市文化以荆楚文化为底色。武汉作为大禹治水的得胜之地，继承了大禹治水救民的遗志。几千年来，武汉因水而兴，也曾因水而衰，但面对洪灾的侵袭，面对民族的危亡，武汉人民从不退缩。在诸多古老民族的洪水神话中，洪水是不可抵御的大天灾，人民只能找各种各样的方法避祸。但是在华夏民族的大禹神话中，洪水却被大禹治得"地平天成"，武汉城市文化内核与大禹治水精神一样，是不屈不挠、不胜不休的。

在武汉的城市发展史上，一直回响着艰苦奋斗、敢为人先的声音，从"披荆斩棘，以启山林"到"盘龙建城、汉镇崛起"，从勇于革命、救亡图存，到中华人民共和国的工业重镇，都展现了武汉独特的城市性格。大量的历史典籍记载着大禹治水时期洪水泛滥、民不聊生，面对滔滔洪水、民无定所的情形，大禹站出来，成为敢为人先的治水英雄。治水过程漫长且艰辛，但大禹为天下百姓操劳，这种艰苦奋斗、敢为人先的品质与武汉的城市性格不谋而合。

在武汉地区的大禹传说中，大禹引导汉水与长江交汇于武汉，赋予了武汉得天独厚的水运交通条件。在治水过程中，他善于借助各方力量，借助圭对河流、土地进行全面考察，认真总结前人治水的经验教训，集众人之所长，达到治水退洪的目的。大禹精神早在夏商周时期就以其事功和品德成为思想家推崇的对象、执政者效法的对象和人民大众歌颂的对象。到了当代社会，大禹精神与武汉城市文化的特质呈现遥相呼应的态势，武汉人民对大禹治水神话的认同和接受是受普遍的文化传统取向的影响而形成的。

2. 文化发展的需求

在社会竞争越来越激烈的现代生活中，人们的自我实现追求也不断多样化，由此产生的文化精神需求也不断增多。而对于一座城市的发展而言，独特的地域文化是加强民众凝聚力和加深认同感的重要基础。

一个城市的文化包括文化生产、文化消费和文化创新，对民众而言，最重要的是有可利用和享受的文化设施与文化资源，能够满足市民对文化、艺术参与的需求，通过市民的文化理念和精神认同，在日常行为中形成生活氛围，提升生活品质。大禹神话园建立之初，武汉正处于经济快速发展的阶段，并且全市开始积极规划历史文化资源的保护利用，这对于武汉城市文化的建设以及市民对文化滋养的需求都是持续利好的。新时代的武汉人民在文化消费上有着更高的追求，不仅需要更丰富多样的文化消费方式，还需要不断跟进的文化基础设施。文化基础设施是文化消费得以实现的载体和平台，大量的文化设施为城市繁荣创建了有利条件，也为市民文化消费提供了基础。大禹神话园坐落于龟山东麓长江江滩，与附近的晴川阁、龟山公园等旅游景点形成集文化旅游与健身休闲为一体的旅游片区，可以为市民提供高质量的文化享受。

从武汉城市的兴起、发展历程来看，武汉曾数次成为时代的经济中心。抛开过去的辉煌、沉浮，城市发展的外部环境与发展模式都发生了巨大的变化，知识经济和信息时代的浪潮涌来，文化成为城市可持续发展的内驱力。文化自信是一个国家、一个民族发展中更基本、更深沉、更持久的力量。武汉大禹神话园作为武汉文化的一个重要代表，能够与其他传统文化构成武汉城市的文化品格，建立全市普遍信守的文化理念，实现对区域文化精神的集体认同，促进对内凝聚力的形成、对外吸引力的提升。

3. 神话传承的机遇

神话产生于远古时代，而传延至今，在不

同阶段的社会生活中以不同的形态发挥着多样化的作用。尽管神话是遥远历史中的文物，但在实际的社会生活中，神话无处不在。在神话研究还停留在依赖古代文献记录或结合考古学资料时，神话资源已经在当下大众文化中得以创造性转化，如文学、电影、网络游戏、雕塑绘画、遗产旅游等领域，人们已经开始从古老的神话资源中找寻价值，重构意义。神话的回归源于人类对现代文明的反抗，但对大禹神话园而言，它的建立是大禹神话在当代新的传承机遇。

大禹神话园建立之初，恰逢"五一黄金周"，一周内有30余万游客入园参观。15年过去了，虽然大禹神话园游览热不复以前，但仍有许多游客慕名前往。某旅游点评网站上对大禹神话园的评价，几乎都是惊呼大禹神话园文化底蕴十足，大禹神话园在点评网站上的评分普遍达到四颗星及以上（满分五颗星）。由此可见，虽然大禹神话园如今不复刚开放时的热闹场景，但其背后的神话精神仍然能够打动前去游览的民众。借助网络媒介，更多的人通过游客的点评知道了大禹神话园的存在，这在一定程度上为大禹神话的传承作出了有益的贡献。

大禹神话园是由武汉市政府主导建设起来的，其设计理念、雕塑艺术至今仍极具教育价值。令人扼腕的是，当初建立大禹神话园的目的是成为武汉"城市文化符号"，如今却没有实现预期的文化影响力。面对新时代新的发展机遇，大禹神话园如何蜕变成为武汉的城市文化品牌，这是需要进一步探讨的问题。

三、发展路径：神话资源与城市文化整合创新

神话资源创造性转化的最基本准则就是挖掘并发扬最核心的文化内涵，并与当代文化相结合。只有挖掘出神话资源中"跨越时空、超越国界、富有永恒魅力、具有当代价值"的内容，才能推动神话资源的创造性转化、创新性发展，为民众提供精神指引，构筑"中国精神、中国价值、中国力量"。对武汉市大禹神话园而言，只有形成具有影响力、号召力的文化品牌，将资源优势转化为品牌优势，才能够使广大民众更多地了解与传承大禹神话，而不是任

其消亡。

1. 借助现代传媒技术，形成神话传承传播生态

武汉大禹神话资源作为一种长期依赖民众口头传承的民间文学形式，其在当代社会的现实遭遇与其他民间文学类似，面临着口头传承环境的消失和文化传播方式的更迭。虽然社会的发展是不可逆的，神话也会随着社会的发展而变化，这是神话本身的发展规律决定的，但是民众可以通过被动引导和主动选择的方式，形成新时代的传承传播生态。

在现代传媒技术飞速发展的今天，人们的生活变得更加便利，生活方式和生活乐趣也随之改变。信息传递极其迅速的社会大环境，理论上来说更加有利于文化内容的传播。"文化生态指的是人类与文化的相互关联及其存在状态，包括人的自然属性与文化属性之间的关系，这种关系就如同自然界中各种事物之间的关系一样，是密不可分的，也是相互依存和影响的，体现出一种生态性特点。"[4]当人们与这种文化发生交集、产生关联之后，自然会成为这种文化生态中的一员，进而形成新的文化生态。

从大禹神话园建立至今，在知乎、博客、微博、大众点评、抖音等各类网络平台上，许多网友纷纷分享大禹神话园的游览经历、摄影作品、视频作品以及感悟体验等，游客们的反馈积极主动，他们的分享在网络上发散式传播，产生了涟漪式的影响，促使更多的人走进大禹神话园去感受大禹神话的魅力。2020年8月25日是农历七月初七，武汉市水务局在大禹神话园内举办了武汉市第二届江滩七夕文化节。这次文旅活动吸引了大批市民前往参与，并且设置了类似与"九尾狐说亲"雕塑合影领取小礼品等环节，极大地促进了人们对大禹神话多方面的了解。这种引导民众参与的活动产生了较强的传播效应，在未来若是能够继续优化活动内容，丰富活动体验，那么大禹神话园将会成为江城人民每年最浪漫的期待。利用传媒手段，在网络上形成"日日有推荐，年年有期待"的传播效果，将讨论大禹神话、参观大禹神话园、参与大禹七夕节形成常态化的文化活动，那么线上线下的互动分享会逐渐形成大禹神话传承的文化生态。

2. 优化文化空间体验感，增强文化认同凝聚力

大禹神话园通过园区内步道的线路，串联起14组大禹神话雕塑，在短短400米的公园里构建出一个史诗般壮丽绚烂的神话世界，当空间成为故事的一部分时，场所帮助唤醒故事，故事使场所产生意义。但是应当注意，并不是所有游客都拥有大禹神话的知识背景，那么在文字简介有限的情况下，提升游客的空间体验感，就能增强游客的参与感和认同感。就目前的群雕来说，游客大多处于一种景仰、旁观的状态，一旦不理解或看不明白，可能就会直接跳过，最终无法形成对大禹神话的全景式了解。为进一步优化参观者的空间体验感，一方面，雕塑可以在适当的位置留出空间给参观者，例如在"躲避洪水"这一雕塑里，人类、鸟兽纷纷逃到高山上避开洪水，虽然雕塑里各个人物都刻画得很生动，但若能以一个参与者的身份进入到雕塑中，成为"躲避洪水"的一员，也许就更能体会到大禹治水对天下百姓的重要意义。另一方面，可以采取一定的高科技手段，如VR、全息投影等方式，让雕塑中固定的人物"动"起来。多样化的互动方式能让参观者拥有更强烈的认同感和同理心。

与此同时，武汉大禹治水传说内容将神话传说中的人物与山川大地相融合，呈现出极强的地域性特点。如功臣"龟""蛇"二将最后化作武汉的龟山与蛇山；"禹青扔纱帽堵洪水"，纱帽化作武汉的纱帽山；"大禹贮粮米粮山"，其中用于囤粮的山被称为米粮山，沿用至今；"忽必烈正名禹功矶"，讲述元世祖忽必烈南巡时来到武昌蛇山，命令将长江对岸龟山突入江中的一块石矶复名为禹功矶，并命在矶上建禹庙，"以寄禹功之思"；"总督寻宝镇水怪"，讲述清代湖广总督张之洞在武昌寻宝时与被大禹镇在水底的水怪之间发生的斗争。但是群雕中没有足够地体现大禹神话与武汉之间的联系，并且媒体报道中也没有凸显大禹神话与城市武汉之间的联系。[5]对武汉市民而言，更能引起共鸣的是大禹与武汉这座城市之间发生的故事。

3. 完善文博旅游产业链，形成文博旅游集聚效应

截至2020年底，武汉市拥有博物馆121家，其中文化和旅游部门直属博物馆30家，国有行业（高校）博物馆45家，非国有博物馆46家，比2015年末增加38家，每万人拥有博物馆数居全国城市前列。[6]武汉市的博物馆数量众多，截至2020年底，年均参观人数突破1000万人次，这些参观人群也会是文博旅游的重要参与者。文博与旅游融合发展，是一个以文博带动旅游发展、以旅游促进文博发展的过程，是一个优势互补、相得益彰、互惠共赢的过程，推动文博与旅游融合发展，对促进文博行业与旅游产业协同发展具有十分重要的意义。

武汉大禹治水传说作为国家级非遗项目，它的传承与大禹文化博物馆紧密联系在一起，但是大禹文化博物馆日常的开放活动基本上只集中在博物馆内，并没有延伸到大禹神话园，即使大禹神话园与大禹文化博物馆有门廊连通，仅一墙之隔，大禹神话园也常常是游览中被忽略的。囿于园区和博物馆分属不同单位管理，目前达不到园区和博物馆的互动联通。与此同时，在大禹治水的传说中，与武汉有重要关系的龟山、蛇山景区旅游，同大禹神话园也是处于不相干的状态。大禹神话园的地理位置很容易成为汉阳江滩边旅游被忽略或被放弃的一环，但若是能够将大禹神话园与大禹博物馆乃至周边的长江大桥、龟山景区联动起来，形成"旅游＋文博""休闲＋娱乐"一体的"大禹神话体验之旅"，那么这种具有文化底蕴，与休闲娱乐相结合的文博旅游方式，会带给人们更丰富的文化体验，对于形成武汉城市文化品牌将大有裨益。

四、结语

我们讨论神话非遗资源的创造性转化，实际上是在讨论神话非遗资源传承与发展的可能性与可行性，当我们把神话非遗资源视为城市文化品牌之源，就会找到神话非遗资源传承与发展的新路径。神话以新的形式走向民间，成为民众触手可及并且紧密联系生活的方式时，神话非遗资源的传承才能成为有效的传承。城市文化品牌最终要落实到实践中，承担城市文化发展的使命。因此，神话非遗资源向城市文

（下转第15页）

基于文化再生产的傩类非遗保护路径探析

——以江西婺源傩舞为例

方 云

摘 要：我国国家级傩类非遗多达67种，与省、市各级傩类非遗形成了一个层递性、谱系性的傩文化保护丛，其当代的社会、文化价值与功能亟待重新考量。本文以文化再生产为视角，深入剖析江西婺源傩舞的文化生态保护机制，从其傩景观生产、认同性建构、生产性保护以及传播传承等方面，来求证一条借由传统文化的再生产所达成的傩类非遗多元保护路径，并以此为其他傩类非遗提供参考与借鉴。

关键词：傩文化；婺源傩舞；文化再生产；非遗保护

傩舞是民间祭祀活动中最具仪式性的舞蹈，每逢打醮、春节均要起傩，以达成为民众驱鬼逐疫、祈福避灾的目的。然而，由于文化生态与社会语境的变迁、地方文化记忆的断裂、文化需求的日趋多元，古老的傩文化生存与发展空间备受挤压，甚至面临消亡的严重威胁。我国傩类文化资源异常丰沛，截至目前，已入选国家级的傩类非遗多达67种，又与省、市、县级傩类非遗共同形成一个具层递性、谱系性的傩文化保护丛。

地处古徽州文化中心地带的江西省婺源县，其傩舞表演完好地保留了古朴、粗犷、简练与夸张等艺术特性，于2006年成功列入我国第一批国家级非遗代表性项目名录。与其他傩类非遗境遇相同，婺源傩舞赖以生存的农耕土壤与精神植被日益缩减，传承后继乏人，亟待探寻与总结出一条适宜的傩类非遗可持续发展路径。论文基于文化再生产的视角，以婺源傩舞的生产性保护机制为例，从其傩景观生产、认同性建构、生产性保护以及传播传承等方面来探索傩类非遗保护的多元路径，以期实现可持续性发展。

一、文化再生产视域下的非遗保护

法国的皮埃尔·布迪厄（Pierre Bourdieu）结合实践观，于20世纪60年代末提出"再生产"这一概念，试图说明社会文化的动态过程中，目的地社会文化的变迁是一个复杂的社会文化现象。他认为人类通过调适、再生产与创造等方式，促使文化推陈出新以期不被淘汰。换言之，文化再生产是人类文化的一种生存策略，文化需通过不断"再生产"来维持自身平衡，以延续和发展社会文化，被再生产的文化体系是在既定时空之内各种力量相互作用的结果，不能以静止的态度来对待。[1]

"非物质文化遗产"这一概念的提出，旨在达成增强世界文化的多样性和对人类创造力的尊重，非遗保护的多元路径也被不断地探索与实践。非遗为人类所共同拥有并世代相传，在人类与自然、历史的互动中被再创造，其本身一直是动态、开放、可持续发展的。在通过"文化"来"重构文化"的今天，人类可使用的非遗资源不仅包括自然环境、人文传统，甚至涵盖满足人类日常生活、社会组织架构以及经济消费需要的方方面面。非遗保护的实践，呈现了"再生产"过程中各种生产因素的互动关

作者简介：方云，上海大学国际教育学院讲师。

基金项目：本文系文化和旅游部非物质文化遗产司委托项目"仪式节庆类非遗保护制度研究"（项目编号：221100019）的阶段性成果。

系，即可视为一种延续、激活与更新的文化再生产活动。

二、婺源傩舞的文化再生产保护路径举隅

千百年来，人们在与自然、社会以及生产、生活的调适过程中，延续着文化传统。古老的傩仪、傩舞、傩戏等与民间节日庆典、人生礼仪、风俗习惯紧密相连。时代语境更迭，其文化再生产的场域不断发生着重构、再造与转写。非遗保护的文化再生产路径，使得傩类非遗的生命活力得以激发，社会服务效用得以增强，从而达成非遗的可持续性与包容性发展。傩文化再生产的路径有以下几方面。

1. 傩文化生态保护区的建立

建立原生态保护区，将非遗原生地动态地保护和保存在其所属的社区环境中，使人、物和环境处于整体生态和文化空间中，完整地保留其自然风貌、风俗习惯和生产生活关系，此种"生态保护区"与联合国教科文组织《保护非物质文化遗产公约》中的"文化社区""文化空间"概念不谋而合。在中国，国家级文化生态保护区的设立正是以保护非遗为核心，旨在对历史文化积淀丰厚、存续状态良好，具有重要价值和鲜明特色的文化形态进行整体性、活态性保护。自2008年被批准为第二个国家级文化生态保护实验区以来，婺源县紧紧围绕"遗产丰富，氛围浓厚，特色鲜明，民众受益"的目标来保护文化生态空间，优化活态传承平台，并通过实施"自然生态保护工程、建筑徽派风格保护工程、文化生态小区保护工程、民俗风情保护工程"等一系列措施，在非遗文化空间区域的整体性保护和核心区保护上取得了显著成效。

傩舞社群关系因地缘、血缘的联结更为紧密，而禳灾祈福、向美向善的民众心理诉求，也为持续开展傩活动提供了前提与条件。对几个婺傩文化活跃村庄的整体性文化生态保护，正是充分利用了婺傩所具备的节日联动性功能与民间心理基础，利于农历春节特殊的时间节点，以整个村庄为舞台，渗入至民众禳灾祝福节日仪轨，使之至今仍能服务于民众的日常生活领域。通过行傩这一集体性行为，社群强化了地方民间信仰意识、民俗审美意识，凝聚了地方意识与向心力，更建构了区域文化身份与文化认同。

例如，长径村的驱傩神班每年腊月二十四都会起傩祛邪逐疫，其中"搭架""追王"最具特点，这是一种内部与外部结合，民众共同参与的仪式展演。"追王"环节展现了傩仪中特有的狂欢与喧闹，村落的桥梁、祠堂、巷道挤满了远近村落前来围观的民众，傩队在鞭炮轰鸣中奔跑，在敬畏中与傩神亲近、嬉戏，家家户户挂红燃仗，气氛庄严而热烈。

以保护自然山川与社区文化风貌为前提，将傩舞所需的自然、社会与人文生态融合，将非遗的生命基因融入民众的日常生活，原需保护的对象在服务社会的语境中找寻到转化活力的机制，从而具备了从被动的受保护对象转变为主动的保护实施者，这为非遗可持续性地"活起来""传下去"提供了可能。

2. 傩文化旅游景观的建构

人文地理学中的"景观"概念，既是一种地理形态，一种观看方式和视觉理解，更是一种人类将经验世界与意义世界连接起来的景观实践、文化过程和社会实践方式。景观的文化再生产指向身份认同、地方认同与文化认同等的建构。布迪厄的文化再生产理论强调，"在社会实践中，经济资本和文化资本是两种起主要作用的资本或者说是两条主要的建构原则"。[2]以转换为介质的经济资本与文化资本的互构，为婺傩非遗传承与旅游经济资本增值的双重叠加效应提供了实现路径。在当代语境中，对非遗事象提取要素进行文化的再设计与再生产，能够在旅游、创意产业等方面发挥不可估量的价值与效能。

（1）傩文化旅游路线的打造

面对旅游者消费需求的多样化，旅游产品开发不光要满足旅游者由观光旅游到体验旅游的方式转变，而且要关注游客的体验心理需求。具有地方特色的婺源傩文化资源，成为乡村旅游设计与开发的重要组成部分。在婺源傩文化资源丰富、保存较好的区域，重点打造了一批与傩文化主题相呼应的民俗旅游村镇，借助周边良好的自然生态景观，设计出整体协调的民俗景观，形成独具特色的乡村人文环境，不仅有效保存了婺傩生态，快速发展的旅游业也为当地农民就业与致富创造了条件。

借助与婺源热门景点的联动，凭借开发相对成熟的游客资源，将婺傩相关文本、图像、影像以及表演嵌入已有旅游项目，从而达成传播效用。如婺源著名旅游品牌篁岭晒秋、梦里老家、熹园等均引进了婺源傩舞，作为其旅游项目中的固定展演内容，并且打破表演区域的限制，表演时近距离与游客互动，在提升游客参与体验满意度的同时，也大大提升了非遗的知名度。又如，在民俗风情街立起一座高3米、宽2.4米、重达500千克的巨型傩面具雕塑，由平安神"八十大王"、才神魁星和财神金蟾3个面具组成，这一独具特色的雕塑景观，不仅成为展示婺傩艺术魅力的景观符号，也成为区域旅游的民俗标识。

婺源的非遗博物馆旅游，也充分利用了博物馆保存、收藏、研究、教育与观光的文化功能，融入婺源全域的大旅游格局，共同协调发展。全新打造的婺源傩舞陈列馆，利用数字多媒体技术，以实物展览、数字影像、体验角、手工区等多种方式来展示、推广傩文化，融知识性、趣味性、参与性于一体，成为傩文化景观生产的又一重要平台。

（2）傩舞剧目的创新与展演

霍布斯鲍姆（Eric Hobsbawm）认为，"现代节庆和艺术表演属于'被发明的传统'，是仪式化的综合文化景观，具有一定的象征性。而这些被发明的传统，暗含与过去的连续性，试图通过重复，来灌输一定的价值和行为规范"。[3] 这些传统被发明或者得到部分复兴和重新诠释后，无疑彰显了地方和民族文化特征，在旅游带来的全球化影响下，有着独特的魅力，并强化了传统的价值和人们对传统的珍爱，强化了民族与地方意识。[4]

婺傩内容丰富，既有原始迎神驱鬼的仪式，也有反映创世神话及民间传说的故事，还有打闹戏谑的民间游戏等，其表演形式朴拙，但文化内涵深远，具有娱民、劝世、说教的现实意义。随着越来越多旅游节、文化节、艺术周等文化事件与活动的推出，一种适应新语境与观赏目的的傩舞剧目与表演形式被不断探索，在传统内容与核心要素基础上编排的创新剧目，成为婺源旅游景点的重要文化消费项目。在保存、继承傩舞中的中华优秀传统因子以及尊重

传统的基础上，以更适合时代精神的方式来呈现更为丰富的内容，成为人民群众共享的文化权利。婺源傩舞的创新剧目，多由当地非遗传承人与舞蹈、音乐、美术、戏剧等方面的相关专家学者来共同开发，凸显了傩舞趋吉避祸、追求美好事物的生活主题，对原来相对单一的表演形式进行了一些形式上的改良。如，将独舞改编为群舞，增强气势，以适应大型表演舞台；将传统的打击伴奏改为丰富的民乐伴奏，增加欢乐逗趣的气氛；道具制作更为精良、立体与生动，舞美、道具、服装与灯光设计更能烘托气氛等。值得强调的是，不能丢失傩舞固有的核心要素与本真性，不能完全脱离傩文化原生文本与语境进行再创作。

民间私营团体参与傩文化的艺术形式传播，也是婺傩景观生产的有效举措。如"鼓吹堂"这样的演艺实体，具有自主性、灵活性，它将婺源本地的多种民间艺术形式，如徽剧、茶道、灯彩、傩舞等融为一体，在各旅游景点与公共文化空间展演，已形成良好的运营模式获得较好的经济收益，同时也大力传播了优质的民间艺术与民俗文化。婺傩景观生产中动态的民俗展演，通过对传统的傩文化符号解构与建构，强化了精神联结，有利于达成认同。

（3）傩文化衍生品的设计与开发

傩文化的再生产方式之一，是傩文化衍生品的设计与开发，在有效促进游客对傩工艺品消费的同时，带动当地传统手工业的复兴。手工艺人通过制作传统傩面具、傩纪念品等，研发出一批具有地方特色和文化内涵的旅游纪念品，以增强市场竞争力，这也是对傩文化传承的有效方式。傩类文创是承载傩文化特质、与地域文化高度融合的文化商品，优良的傩类文创设计与开发，不仅能够提升旅游景点在市场竞争中的形象与地位，也能通过游客的体验与认同，参与到非遗的推广与传播中。可将傩文创嵌入各类旅游产品中，形成表演、观赏、消费、体验的良性互动，从而推动婺傩文化、艺术、旅游与经济的共同发展。

傩面具是行傩中禳灾祈福、辟邪逐疫的道具，大多具有狞厉之美，表达了先民对未知力量的敬畏与崇拜，是集雕刻、造型为一体的典型中国民间艺术。婺傩面具角色众多，种类达

60余种，造型大多野朴夸张，形象灵动，如盘古氏、魁星、李斯、夜叉等，或凶神恶煞，或善良憨厚，或笨拙怪诞。如"八十大王"面具，两眼外凸，口型夸张，额头、脸颊上饰有太阳火焰纹。有些面具口眼可上下张合，制作技艺十分精巧。面具雕刻技艺多采用浅浮雕与镂刻相结合，细腻、精巧的鳞状刀路，在视觉上形成一种独特的变形效果。漆色又以红、黄、蓝、白、黑五色为主，对比强烈，极具视觉冲击感。

傩文创的再设计正是充分利用了傩面具的深厚文化底蕴、极富神秘感的造型与独特的美感，设计出了一系列民间审美与时代气息相结合的文创产品，这也激活了当地各类生产企业，如木雕产业开展的面具修复、整理与加工生产的业务。在材料上，傩文创大大突破了传统选材范畴，除樟木外，陶瓷、金属、玻璃、石材、珠宝等也成为制作面具的材料；在种类上，傩文创基于象征意涵，增加了更多的实用功能，如家居装饰、文具用品、生活日用品、个性化饰品等；在销售模式上，大力拓展与当地其他非遗联合开发的产品渠道，如与婺源三雕的木雕、石雕、砖雕联袂，还出现在当地名优特产酒类、绿茶、农产品等的包装上，拓宽了销售的方式与渠道，也让消费者更加便捷、直观地了解傩文化。

除工艺品设计之外，傩文创的再生产还包括影视、动漫、手游等现代科技文化产品，让古老的傩舞成为时代新风潮，既满足了现代人群的信仰需求、艺术表现，更激发了民众对民族传统艺术的热爱，提升文化自信，彰显对中华传统文化与审美的认同。因此，推出成熟的富有创意和竞争力的优秀文化产品，不仅有利于孵化传统文化品牌企业，而且非遗品牌一旦形成，文化经济资本又可以反哺非遗保护，从而形成良性的保护链环。

3. 婺源傩舞的非遗传承与教育

布迪厄的文化再生产理论指出，"文化资本是指标志一个人社会身份的、世代相传的、被视为正统的文化趣味、消费方式、文化能力和教育资历等的价值形式"，[5]他呼吁将文化遗产视为可以为社会全体成员共享的共同财产。非遗作为一种文化资本，为社区成员所共同持有，应鼓励各类机构提升年青一代的非遗保护意识，对非遗持有的传统进行传承发挥积极的教育作用。

现代社会语境中，傩艺的经济效用实现度较低，年轻人对其缺乏关注，老一辈傩艺人觅徒困难，传统作坊式师徒传承方式虽然存在，但越来越难以维系。高校良好的学术氛围成为婺傩传承的理想基地。比如与大学及相关研究机构积极合作，将民间婺傩艺术引进高校课程体系，以课程作为载体创新教学内容，系统地培训学习者掌握表演程式、音乐舞蹈以及面具图形、造型纹饰等。在学分制课程的普及下，傩文化知识传授速度快，培养面也较广，且能常态化持久进行，某种程度上可弥补传统师徒制的不足，能以更为灵活、快捷的方式进行大量基础性的人才培养工作，为专业研究者和从业者提供良好的孵化空间。同时，民间傩艺人走进大学殿堂，手把手地传授技巧，使鲜活的民间素材成为课本之外的有益补充，既丰富了课堂教学体系，又活跃了学习方式，还激发了年轻人的兴趣，集聚了人气，培养了潜在的长期学习者与传承人。此外，可以借助高校的设计专业吸引年轻人参与傩文化主题的创新设计，打造全新的傩视觉文化体验，从而拓展傩文化影响的艺术范围。

除了将婺傩引入校园，大学研究机构也走进了傩文化生态保护区建立工作站，为师生定期考察提供实践场所。师生深入田野，对傩面、傩仪、傩庙等进行实地考察，为老一代傩艺人记录口述史，收集第一手宝贵资料，积极参与到傩文化的抢救、挖掘与保护工作中。实践中，年青一代深入了解了婺傩的历史发展、表演形式与社会关系、组织架构，更真实地体察了民间生活中傩文化所起到的社会功效，有利于对遗产保护进行反思，从而提出有效策略。他们根据调研实践编制了傩文化书籍、影像纪录片、宣传学习册以及教学培训材料，广泛开展非遗的传播。此外，婺傩还主动寻求与全国其他地区的傩文化研究机构建立协同合作，为各地傩文化学术、研究与交流提供条件，在寻同求异中建立起宏大的中国傩文化谱系比较研究。正是通过这种"教与学、帮与带、内与外"的多元化方式，推进了婺傩的教育传承与社会传播，提升了公众的非遗保护意识。

4. 婺源傩舞的新媒体与数字化

《保护非物质文化遗产公约》在其业务指南中明确指出，"媒体可以有效提高人们对非物质文化遗产重要性的认识"，鼓励"缔约国支持媒体推广活动，并运用各种传媒形式传播非物质文化遗产"，如音像媒体，制作优质广播电视节目和纪录片，地方广播、电视、网络和社区，应在弘扬地方文化中发挥出重要作用。[6]

婺傩是集口头文学、音乐、舞蹈、仪式于一体的综合文化形式，完整的信息仅凭静态文本难以传达与表述。在人们无法实地观看演出的情况下，影像与网络的传播是较为理想的手段。在多媒体环境中，综合利用多元的表现形式，让受众在虚拟空间也能真切地感受到婺傩文化。学者曾对婺傩网络传播的样本进行分析，指出婺傩在网络传播中的文本类型过于单一。[7]简短的宣传介绍无法引发受众的关注度，而文化评论与学术报告又与受众有一定距离，无论是内容还是形式，都与《保护非物质文化遗产公约》所要求的多途径、多样式、多角度的宣传相去甚远。

近年来，新媒体信息技术对大众生活的影响快速加大。新媒体以其强大的技术支撑、超越时间和空间的优越性，形成了无界限的虚拟空间，为非遗创造了新语境。随着婺源整体旅游格局的提升与网络技术的升级换代，婺傩的大众传播方式有了较为显著的改变，多渠道与形态的介质，如公众号、订阅号、抖音视频、直播间等的出现，使流量正成为婺傩信息推送的重要指征。随着"最美乡村"文化符号的建构，油菜花、晒秋、傩舞、抬阁、油纸伞等迅速成为各类自媒体的"网红"，成为国人对"田园生活"美好想象的最佳素材。

傩文化资源数据库的建设更是意义非凡，数据库构成模块主要包括信息采集、数字资源加工、管理、内容发布、服务、资源分类等，涵盖了婺傩的文本、图片、视频、声音、软件和学术资料等。在与动漫、影视产业的合作中，采用先进的三维动态技术摹拟真实傩舞，在人体的15个关节部位装上无线磁场计测感应器，以每秒30个画面的速度将三维动作如同乐谱排列输入计算机，不仅可以精确地将舞蹈最细腻的风格韵味原汁原味地"克隆"成图像永久保存，还可以将动作分解成动漫教学片，供幼儿园、中小学普及传承。除此之外，婺傩纪录片、婺源相关题材的影视剧等，这些数字模态的文化再生产，对抢救和保护濒危的非遗项目具有极高的价值与意义。

5. 婺源傩舞的国际交流与传播

世界文化遗产是一种同步共生的关系体系，包括社会、规范和价值观，文化多样性是促进各国相互理解、尊重与欣赏的前提与基础。在国际社会，文化被认为是驱动可持续发展的因素之一，能够支持社会经济发展，增强社会包容。非遗作为世界遗产的重要组成部分，在代际传承的可持续发展中被不断创造，反映了人类与环境、自然、历史之间的互动与进步。

傩文化的国际交流，向世界展示了中国的古老傩文化。傩面具在宗教仪式、成人仪式、节日庆典、文化生活中不可或缺，世界各国大多拥有自己独特的面具文化，形成一种全球视野下的面具文化谱系。从国际层面的共生与发展意义上来讲，中国傩文化的国际研究与交流极为重要。邀请国外专家、学者来中国考察，共同探讨傩文化历史内涵与当代价值，加强国家与国家之间的合作，既有益于提升中国傩类非遗的世界知名度，也有利于学习借鉴国外同类项目的成功经验。婺源曾多次举办国际傩文化学术研讨会，邀请国际专家学者来实地观摩演出，贡献宝贵的学术成果。除官方与学术层面交流之外，还应注重民间的傩文化互动，如将优秀节目推向国际舞台的展演。婺傩独舞《开天辟地》《丞相操兵》《刘海戏金蟾》《舞小鬼》等经典剧目曾多次远赴海外演出，深受外国友人的喜爱与欢迎。未来应在国际合作框架下，积极推动更多傩文化产品国际平台的搭建。

三、结语

傩类非遗所蕴含的精神价值、思维方式、想象力和文化意识，以及由其产生的凝聚力，促使人们在思想上产生价值认同感，在观念上形成身份归属和文化认同感。中国傩文化自原始社会发展至今，经历千年演进，吸收了巫儒道佛思想及民间风俗，是不同时代、不同层次

（下转第 29 页）

重构与溢出

——以"骷髅幻戏图"系列苏绣为例

廖　伏　俞宏清

摘　要："骷髅幻戏图"系列苏绣以传统的针法重新构建了刺绣语言，并赋予作品当代的审美内涵，一方面将传统技艺重新挖掘、重新组合，让传统刺绣针法作为全新创作理念中的特殊媒介焕发出新的生命；另一方面，基于当代艺术表现形式与审美要求，在全新创作理念的指导下进行了反传统刺绣方式的创作，使作品获得当代性意义上的呈现，其中所蕴含的审美意义有了前所未有的突破和建构，这是苏绣在和当代艺术融合过程中获得承前启后发展的一个重要标志。

关键词：苏绣；"骷髅幻戏图"系列；刺绣语言；重构；溢出

苏州刺绣又称"苏绣"，它是在春秋时期起源于姑苏，后以苏州为中心流布于江苏各地的一种民间工艺。因其技艺的独特性，位列中国四大名绣（苏绣、湘绣、蜀绣、粤绣）之首，素有"中华第一绣"之称。苏绣是江南文化的符号，它工艺繁复，集装饰与艺术于一身，是江南文化的典型代表，也是中国传统文化的一个缩影。在当今国际多元化的文化背景下，作为传统非遗项目的苏绣，其艺术表达的技法与理念也相应地具有多元化的趋势，如何立足传统并创新传统，是非遗创作者要思考的问题。

2017年，第57届威尼斯艺术双年展中国国家馆展出了由邬建安创意、姚惠芬、姚惠琴及其绣娘团队创作的当代苏绣作品"骷髅幻戏图"系列，引起热烈反响，在国内外艺术界受到广泛的好评，被视为继沈寿"仿真绣"、杨守玉"乱针绣"、任嘒闲"虚实乱针绣"之后的又一次苏绣创新实践，是传统苏绣在回归本体性创作过程中的全新创造与升华，是苏绣发展史上一座新的里程碑。本文以"骷髅幻戏图"系列苏绣为例，试析在当代艺术语境下的传统苏绣语言表现与审美建构，希望以此对当代刺绣艺术创作乃至更多非遗项目创作产生积极的意义。

一

在"骷髅幻戏图"系列苏绣作品里，姚惠芬、姚惠琴等以矛盾冲突和多重并置的理念完成了对原画的设计，用和而不同的针法完成了对原画的重构。绣面上复杂细致的构图因其所蕴含的艺术张力而产生了特殊的审美意趣，打开了一个丰富而广阔的意义域。

艺术家大胆地用了与常规绣法完全相反的手法，重构了似为终点之喻的七个砖台，真切透露了人的复杂心绪。在以50多种传统针法构成的砖台之中，有稳定的水平线，也有不稳定的斜线；有意喻向上、稳固的正三角和寓意险峻、不稳的倒三角；有圆满的圆形，也有摇摆的半圆；有正直刚强的垂直线，也有柔和舒展的自由曲线，都被用来刻画绣面上的每一块砖头。理性与感性、确定和不确定、冷峻与冲动、飘忽和坚守，皆在带有恒久意味的扁方形叠加中得到表现，重构、溢出了一个深刻的多重意象群。透过崭新的极具当代性的苏绣语言，多重意象之不同维度、不同烈度的冲突和扭曲全然展现。这种当代意义域中多向度的指向性，昭示着人之本己复归的重要和艰难。

作者简介：廖伏，苏州姚惠芬艺术刺绣研究所艺术顾问。
俞宏清，苏州姚惠芬艺术刺绣研究所研究员。

图 1　"骷髅幻戏图"系列苏绣局部构成

作品的审美创造胆识过人，前所未有。艺术创作者追求的有意味的形式，"骷髅幻戏图"系列苏绣实现了。有意味的形式——诸多的溢出——非比寻常的刺绣语言所创造的意象群，其实是正话反说。艺术家对原画的重构是在倾尽全心祛蔽，即褪去时间—历史进程中人为包裹的东西，让深藏着的和而不同的原始情态被看见；回归本己的紧要、不息永恒的密码随之显现。

"骷髅幻戏图"系列苏绣里的针法运用与之前的常规绣法完全相反，几十种针法构成凸显了刺绣语言表达中不同层次、不同烈度的互相矛盾和互相冲突，甚至是扭曲。不同寻常的刺绣语言的组织和运用，意在让观者从矛盾中看到和谐，在扭曲中理解真实。因此，绣面上种种非比寻常的表现终于让苏绣所蕴含的中国传统之美被全世界看见。

二

基于传统刺绣语言的本体性的重构，"骷髅幻戏图"系列苏绣用最传统的刺绣语言写出了最当代的艺术故事，并建立起属于当代艺术的刺绣形式与审美内涵，进行了一次对刺绣本质的重构与开拓，为苏绣在当代艺术语境中的创新做出了有意义的探索。

自明末顾绣肇始，画绣渐盛。当下，观赏性苏绣绣品几乎都是画绣。先见画再见绣，还是先见绣再见画，这决定了苏绣的实质性的地位，决定了众多绣娘的劳动价值，影响了关于杰出绣娘独立的艺术创造的评判。先见画稀松平常，先见绣极为难得，在这里，不可把先见绣理解为通常意义上的刺绣语言的组织与运用。此中关涉传统刺绣语言的当代转进。"骷髅幻戏图"系列赋予了传统针法以当代的精神意涵，这就是苏绣语言的当代性。

第一，苏绣语言的当代性从哪里来？或者说，当代性与传统性应该是什么样的关系？"骷髅幻戏图"系列一反传统的刺绣方式，即并不需要按照原来图稿的造型与色彩按部就班地构图，而是以创作者自己的理解和想象进行自由的刺绣创作。针法在其中直接凸现，直接被看见，无需解释，它们仅仅凭借着自身的形态就完成了属于自己的作品。恰恰是创作者的宏观视野，赋予了传统针法当下的精神含义，让苏绣传统针法这种刺绣语言在回归其本质的过程中呈现出真实的原始状态，充分凸显针法这种媒介的本体存在，苏绣的当代性在悠久的传统中闪耀现身。

第二，"骷髅幻戏图"系列的创作过程是传统针法固有价值与意义的改变与扩展。苏绣传统针法如直针、接针、套针、抢针、打籽等，过去一直被用来绣制服饰、被面、枕套之类的花样纹饰。而现代画绣受画作的限制，渐渐地以乱针绣的针法为主，不少传统的针法反而成了辅助性针法，甚至还有许多针法被弃置不用。简言之，传统刺绣针法这种刺绣语言特有的艺术性、精神性在不知不觉中湮没了。反观"骷髅幻戏图"系列苏绣，艺术家凭借着自己对传

理论研究 Theoretical Study

统刺绣语言超强的驾驭能力，把最传统的刺绣针法用到了极致，呈现出当今苏绣罕有的表现形式与审美内涵。为了展示针法的本质意义，"骷髅幻戏图"系列苏绣创作中，一反传统的运针方式，运用了异乎寻常的想象力、表现力和创造力，各种针法之间尽管相互对立、矛盾与冲突，但整个作品完成以后，却以微妙平衡的形式出现在观众眼前，并呈现出强烈的视觉效果。和而不同的内在张力在"和光平顺"的绣面上引而不发，表现出与传统刺绣完全不同的含义整体，由此，苏绣的针法因为充分呈现本体性而有了全新的意义，作品因此有了属于自己的艺术语言。更准确地说，把传统针法化为当代苏绣的基本词语，使之从勾勒花草、绣制纹样转而能承载并表现当代人的精神意涵。就像在"骷髅幻戏图"系列苏绣里，以矛盾冲突、相反相成的针法构成这种当代苏绣的全新图式，深刻揭示生与死的普遍真理。这种根在传统，由艺术家的意义赋予而转进的苏绣语言，颇有典范性。从此，传统针法有了当代语义：苏绣传统针法也是诠释关于世界及人的重要语汇，苏绣的表现场域会因此进一步得到开拓。

第三，"骷髅幻戏图"系列苏绣回归传统的创作路径，赋予传统针法以当代精神意涵，成功地令作品先见绣再见画。"骷髅幻戏图"系列苏绣创作跳脱了工艺美术范畴的惯常图式，有了某种颠覆性的形式创造。而苏绣语言整体的、内在的民族性及传统性在此创作中并没有弱化。相反，民族性、传统性因其所赋予的当下的理念与意味而加倍彰显。它是当代的也是传统的，是中国的也是世界的。

第四，苏绣语言的当代转进与升华一定会生发苏绣形式的变化，反之亦然。当下苏绣形式的变化需要全新的苏绣语言、阐述方式和建构路径。道理很简单，不同的艺术形式，必须有与之匹配的艺术语言、表达方式与展现路径。苏绣，确切地说，作为视觉艺术门类而不是工艺美术的苏绣，理当如此。回眸苏绣史上里程碑式的作品，如沈寿的《耶稣像》、杨守玉的《美女与鹅》、任慧闲的《齐白石像》及其晚年的力作《大白花》《大黄花》《雪景》，无一不是以形式变化为表征，以绣之本体即针法这一全新的刺绣语言为内核。

三

刺绣针法作为艺术语言的话就是一种文化现象。语言的后面都有文化的积淀。现在我们所用的针法都是有来历的，都是继承了古人的发明、古人的遗产，或发展了古人的针法。刺绣的本质只能从针法中获得体现，而针法并非只是单纯的技艺元素，它们实际上是创作者讲述故事、创造艺术的表达工具，具有多重维度的指向性和表现性。

我们一般把针法看作是构成刺绣表现形式的载体。"骷髅幻戏图"系列苏绣中的针法不仅是载体，也是一种语言。如此，针法就不仅仅是形式的载体，更是表现内容的本体。既然是本体，就有思想。没有思想的语言，也就没有语言的思想。那么，如果针法运用得不好，形式与内容就不好，其艺术性必然不好。苏绣传统针法（语言）在"骷髅幻戏图"系列苏绣作品中表现的多重性和复杂性对于当代苏绣创作而言，既感性又理性，既多义又深刻。其价值在于：刺绣针法（语言）在当代艺术的语境下进行与传统方式完全不同的创作时，当代苏绣就产生了属于自己的语言表述系统与审美观照。

图 2 "骷髅幻戏图"系列苏绣之第三幅

"骷髅幻戏图"系列苏绣绝不是对原来图像的复制，而是重构，其最终呈现的是当今苏绣独特的形式而非绘画的形式。艺术家的成功就在于，这组作品让观者先见绣再见画，作为视觉艺术门类之一的苏绣的本体性凸显。在"骷髅幻戏图"系列苏绣中，每一种针法都可以任意使用，直接参与到构图的行动中，直接呈现自己的价值和意义。

"骷髅幻戏图"系列苏绣在创作过程中，每个部分均采用多种不同的传统针法进行绣制，其绣法与以往正常的绣法不同，甚至非常矛盾，如此，就造成了刺绣语言在整体画面中的冲突感和扭曲感，构图上也与传统的方式完全不同，凸显出全新的表现形式，其蕴含的艺术张力呈现出多种对立与统一的维度。如此反传统的刺绣创作，是以复杂来回归简单，以矛盾来达成和谐，以扭曲来揭示真相，由此用传统的刺绣语言在不确定的构图运动中创造出全新的艺术形式和审美内涵。

"骷髅幻戏图"系列苏绣以针法作为语言，构建了刺绣从民间工艺或传统工艺向当代艺术的一种跨越式的演进，使中国的刺绣有了全新的发展维度。基于此，刺绣针法就有了前所未有的生命力。这种生命力，使刺绣由工艺变为艺术。

四

对姚惠芬、姚惠琴而言，在威尼斯双年展苏绣创作中的一小步，却是苏绣发展的一大步。

表现是当代非遗传承人自我确立的一种方式，是对自我意识、价值体现的一种肯定。表现的性质成为当代非遗创新表现的总的本质。这种本质体现为每一位非遗传承人都认为他们在创造一个全新的艺术世界。由此，当代非遗传承人的艺术自觉乃至形而上的自觉才能转化成自己的艺术语言，在作品中展现出独特的甚至是唯一的样貌。"骷髅幻戏图"系列苏绣作为一种全新的刺绣形式，其设计的理念、空间的结构、技法的运用，使刺绣的表现与审美有了极大的拓展与转变，给观者提供了令人意外的视觉冲击和心理体验，其特殊价值和意义在于：它一出现就非常清晰地和已有的刺绣传统形成了距离，有了鲜明的对比，它的题材、设计与绣制方式让当代人看到了中国古老手工技艺在回归传统的过程中自我更新、自我解放、自我超越的可能性。

姚惠芬、姚惠琴等非遗传承人在"骷髅幻戏图"系列苏绣的创作中，用最传统的刺绣语言写出了最当代的艺术故事，让大家看到了苏绣在传统非遗与当代艺术融合过程中的一次跨越式的演进，为中国刺绣乃至中国传统非遗的发展打开了一个承前启后的新维度：返本开新。◆

（上接第25页）
的再生产累积，形成如今蕴含丰富的资源宝库。新时期的傩文化资源亟待合理的开发与利用，使之更好地服务于当下社会经济与文化生活，实现可持续性发展。傩类非遗的文化再生产与社会多重力量的聚合，为其延续与发展提供了强有力的支撑，基于文化再生产的婺源傩舞活态性、整体性保护经验，可为其他傩类非遗项目提供一定的参考与借鉴，并扩展至更多非遗项目，在生产、保护、延续和再创造方面发挥重要作用。◆

参考文献：

[1] 高宣扬.布迪厄的社会理论 [M].上海：同济大学出版社，2004：15.

[2] 宫留记.布迪厄的社会实践理论 [M].开封：河南大学出版社，2009：110.

[3] [英] E.霍布斯鲍姆，T.兰格.传统的发明 [M].顾杭，庞冠群，译.南京：译林出版社，2004：2.

[4] 徐赣丽.民俗旅游与"传统的发明"桂林龙脊景区的个案 [J].文化遗产，2009（4）：932—935.

[5] 宫留记.布迪厄的社会实践理论 [M].开封：河南大学出版社，2009：120.

[6] 联合国教科文组织.实施《保护非物质文化遗产公约》的业务指南 [EB/OL].http://www.crihap.cn/2014-07/01/content_17630120_11.htm.

[7] 胡喜英.网络中婺源傩舞传播的内容分析 [J].商业文化（学术版），2007（4）：245—246.

"优质＋均衡"模式助推非遗传承体验

黄之琳

摘 要：2018 年初，上海市长宁区获得第四批国家公共文化服务体系示范区创建资格。至 2020 年末创建成功，三年中，长宁区确立"优质＋均衡"的创建思路，立足于全区人民群众均等享有优质公共文化服务的基点，采取以政府为主导，以公益性文化单位为骨干，广泛吸引社会专业组织和企业参与的方式，保障全区各类人群均能获得优质公共文化产品和服务。与此同时，在示范区创建的积极效应下，在公共文化"优质＋均衡"的助推下，长宁区的非遗传承保护工作得到各方面长足发展。

关键词：国家公共文化服务体系示范区；优质＋均衡；非遗保护

2017 年，上海市长宁区在国家公共文化服务体系示范区（项目）创建工作领导小组办公室（以下简称"国家创建办"）和上海市文化和旅游局的支持指导下，精心筹划、积极申报，于 2018 年初获得第四批国家公共文化服务体系示范区创建资格。2018 年创建伊始，长宁区确立了"优质＋均衡"的创建思路。

"优质＋均衡"是公共文化高质量发展中密不可分的供给关系，同样也是非遗保护高质量发展的工作要求，在区域非遗保护协同机制构建过程中，"优质"保护必须达到"均衡"发展的状态，实现保护弘扬优秀传统文化全覆盖，才能体现社会主义公共服务的公益性质。以"均衡"发展为基础的非遗传承，必须追求"优质"保护的工作标准，才能体现上海作为国际大都市的文化治理水平和遗产保护水平。然而，作为长宁区非遗传承保护工作主管单位，上海市非物质文化遗产保护中心长宁分中心（长宁公共文化馆联合总馆）在保护工作上也存在"优质"与"均衡"有差距的问题。因此，现阶段长宁区非遗传承保护工作在"优质"上有较大进展的前提下，适度对"均衡"有所侧重，进而为全面实现非遗传承保护高质量发展打下坚实基础。

一、现状分析

长宁区的非遗保护工作起步较早，普及面广，工作规范，目前已建立完整的非遗保护档案数据库和非遗收藏档案库，实现了非遗保护工作数字化。2007 年成立上海市非遗保护中心长宁分中心（以下简称"非遗保护中心"），2014 年建成长宁区非遗传承体验中心，2020 年被文化和旅游部确定为"国家级文旅融合试点单位"。

1. 进展与成效

长宁区有关部门认真研究，积极采取措施，推动区域非遗保护工作取得新进展、新成效，主要表现为：形成传承保护协同矩阵，致力打造非遗保护品牌项目，不断壮大非遗表演团队规模。

2019 年长宁区文化和旅游局实施体制机制改革，建立文化馆总分馆体系，作为区域非遗传承保护利用合作联盟，实行非遗传承保护协同工作机制。在推进非遗传承保护工作中，区级层面由长宁区文化馆联合总馆（长宁文化艺术中心和长宁民俗文化中心）牵头，下设非遗保护中心。社区层面以 10 个街镇社区文化活动中心为分馆，吸纳佳都大厦、羽瓦台书画馆、粲上海社区美术馆、上海艺术品博物馆四月天书院、Oms 传统戏曲文化综合体、曲全立非遗影像公共体验基地共 6 家单位作为非遗社会分馆，包含虹桥香事馆在内的 183 个基层非遗保护点，构建起集传承、体验、教育、培训、旅游等功能于一体的传承体验设施体系，完善保

作者简介：黄之琳，上海市长宁文化艺术中心副主任，副研究员。

护网络。它们与 12 所"非遗进校园示范学校"和 29 个非遗保护单位等企事业单位，共同建立非遗传承保护协同体系。在长宁区文化和旅游局公共服务和非遗保护科的统一指导下，坚持"见人见物见生活"的理念，以代表性项目和代表性传承人为抓手，提升非遗系统性保护水平，开展各类非遗保护活动，提高非遗保护传承能力，形成区域传承保护协同矩阵，使非遗保护传承意识深入人心，为保护弘扬中华优秀传统文化，建设社会主义文化强国作出贡献。

非遗保护品牌项目，包括"非遗进校园""非遗在社区""非遗研学游"等。"非遗进校园"项目历久弥新。2016 年至今，长宁区设立"非遗进校园示范学校"12 所，选出"非遗小达人"15 名，累计开展各类非遗体验活动 100 余场、非遗培训 1000 多课时，培训非遗学员 3000 余人。"面塑"代表性传承人张书嘉编纂的长宁社区《手工面塑》(初级)教材，被评为上海市优秀教材。"非遗在社区"项目蓬勃开展。非遗保护中心通过资金保障、传承人引进、平台搭建等措施，与 10 个街镇建立起"非遗在社区"合作关系。现有 16 个非遗项目入驻社区，建立和培育了非遗传承基地 21 个，分享非遗资源、配送非遗培训、广泛宣传动员，现已实现非遗项目在社区全覆盖。"非遗研学游"线路丰富多彩。目前，结合长宁区实际，盘活文化微旅游资源，长宁非遗保护中心初步打造了"长宁文旅地图"，开发独具特色的海派文化探访游、江南文化体验游、红色文化研学游等多条旅游线路，并与"全国民间艺术之乡"新泾镇、北新泾等民俗街区的打造相结合，将长宁区民俗特色点位串联起来，让各地游客看看皮影、扯扯响铃、闻闻香道、听听评弹、品品雅集，逐步形成集研学、观光、游览、体验、互动、休闲于一体的文旅品牌深度游系列，充分展现非遗特色体验的文旅价值。

非遗表演团队，主要有青梦圆皮影团、民间文艺团队、民间手工团队。青梦圆皮影团是上海市长宁民俗文化中心的特色非遗团队，以本单位年轻职工为骨干，创作皮影音乐剧《孔门弟子》，以皮影艺术的表现形式结合现代音乐和声光技术，讲述"克己复礼天下归仁""己所不欲勿施于人"等儒家文化思想，得到小学高年级和初中学生的喜爱。青梦圆皮影团曾赴台湾地区参加锡口艺术节，与台湾同胞交流民间艺术；还曾赴河北省邯郸市参加首届中原皮影艺术节，与全国各地皮影团同台表演。民间文艺团队在非遗保护中心业务干部的指导下，在每年春节元宵等传统节庆活动中大显身手，如莲湘、空竹、大头娃娃、舞龙、舞狮、高跷、福禄寿等节目在行街表演队伍里是一道靓丽的风景线。民间手工团队每年参与上海市民文化节手工艺大赛，曾荣获 2017 年市民文化节"百名市民艺术创客"称号。民俗中心手工团队自发组建"手作群"，在线上开展各类手工培训，香囊制作团队为长宁福利院和新长宁仙霞物业等单位举办多场"做香囊""编香囊"端午体验活动，开展四史教育艺术党课活动。

2. 潜力和空间

长宁区现代公共文化服务体系建设已取得长足进步，但从高质量要求出发，非遗保护仍然存在一些亟待解决的现实问题。就长宁区文化馆联合总馆开展非遗保护工作而言，主要是均衡度有待提升，在精准和高效上仍有较大潜力和空间。

其一，"优质 + 均衡"现状与高质量要求还有差距。党的十八大以来，长宁区按照"以人民为中心"的工作原则，在公共文化产品增量提质、公共文化设施布局和资源配置均衡方面加大力度，全区"优质均衡"发展已明显高于一般水平。创建之初，长宁区对"优质 + 均衡"情况进行了广泛调研、深入思考和实践探索，力求进一步解决基层公共文化服务存在的街镇发展不均衡、资源分布不均衡、公众服务不均衡、需求供给不均衡等问题。

其二，数字资源与服务需求不匹配。目前，长宁区文化馆联合总馆及其下辖分馆(包含区级场馆 2 家、社区级 10 家、社会场馆 6 家)虽然均已开展非遗数字化服务和资源建设，但由于经费投入较少、基础条件较差和建设能力不足等多种因素，存在区域规模和共享覆盖不均衡的情况。非遗传播数字化服务手段(如文化云非遗专栏、公共文化产品线上供给平台建设和应用)需进一步提高效能。长宁非遗保护中心的数字化建设情况也基本相同，数字化服务手段单一，内容匮乏，非遗特色数据库的使用率和知晓率较低，不能满足长宁区公共文化和非遗的发展需求。

其三，人才队伍与服务需求不匹配。这一问题在不同层面有不同表现。如长宁区文化馆联合总馆（长宁文化艺术中心和民俗文化中心）这样的区级文化场馆集中表现为人才缺口较大、激励机制不足、管理体制僵化等问题，尤其是创作人才、非遗人才、数字化服务人才、理论研究人才近年来缺口比较大。社区文化活动中心集中表现为人才队伍年龄结构偏大、工作人员流动性较大、非遗专业从业人员匮乏等问题，尤其是在对接区级场馆开展区域性非遗挖掘、普及、调研等工作中，长期以来问题突出。居民区综合文化活动室的问题集中表现为人员编制少、管理人员难以应对多样化服务要求、专业化管理水平低等。

其四，非遗进社区资源配置供给不平衡。长宁区现有非遗保护项目29个，其中国家级项目1个，国家级传承人2名；市级项目10个，市级传承人7名；区级项目18个，区级传承人7名。然而29个项目中适合进社区开展非遗普及课程的只有10个左右。长宁区共有10个街镇和183个居民区，对非遗项目的配送演出和体验培训都有一定的需求。现有的传承老师和非遗团队数量不能完全满足社区精准配送需求，非遗供给能力显然不足，能做到"优质"，但远达不到"均衡"。

其五，非遗社会场馆和创新点位设立困难。长宁区现有地域面积为37.19平方千米，现有常住人口69.36万，现有非遗主题场馆为长宁非物质文化遗产传承体验中心，隶属长宁区文化馆联合总馆，服务面积为500多平方米，展示了区域内29个非遗保护项目的基本情况。区非遗保护中心地处长宁区西部北新泾地区，虽然有地铁2号线便利的交通优势，但要将服务能级覆盖全区各个年龄层次的市民，显然难度较大。而且，公共文化阵地尚可以用来服务非遗宣传，但开辟社会化点位、创新点位进行全方位、公益性的非遗普及，就更是难上加难。

二、"优质＋均衡"模式助推

现阶段，长宁区非遗传承保护工作在"优质"上有较大进展的前提下，适度对"均衡"有所侧重，确定以"长宁区非物质文化遗产保护高质量发展"为制度设计研究选题，构建具有长宁区特色的非遗保护制度体系，为全面实现非遗传承保护高质量发展打下坚实基础。

1. 推进非遗保护"优质＋均衡"理论创新

目前国内关于非遗保护工作精准化、效能化问题的研究相对有限，且大多停留在项目研究层面，对精准化保护传承缺乏相应的理论支持，对"非遗＋"文旅融合发展缺乏有效的工作抓手。长宁区立足本区实际，一方面，在厘清非遗保护"优质"与"均衡"关系的基础上，进一步研究"精准保护"和"文旅融合"的实现路径，探索构建"非遗指数工作机制"来实际测度非遗保护质量和发展状况，并实际运用于创新实践；另一方面，长宁区深入贯彻落实习近平总书记考察上海市和长宁区时的重要指示，紧密围绕"精准保护"，研究和建立"大数据分析机制"和"文旅融合发展机制"，坚持不懈地提高全区非遗传承保护的能力和水平。"非遗指数工作机制""大数据分析机制""文旅融合发展机制"等制度的设计和研究，填补了学界非遗质量监测、精准保护、文旅融合等研究的空白，也能在非遗保护高质量发展创新实践中发挥强有力的引导和支撑作用。

长宁区主动服务国家战略，充分发挥上海在长三角区域文旅融合一体化发展中的龙头带动作用，利用长宁区区位基础、非遗资源优势，积极推动长三角区域"非遗＋"文旅融合一体化发展。一方面，将非遗指数工作机制宣传推广到长三角地区，助力长三角地区非遗保护发展和文旅融合发展；另一方面，率先探索大数据技术在非遗发展保护领域的全面应用，建立"大数据工作机制"，以数据驱动决策，以数据促进发展，以数据服务项目保护，以数据研究新方法，为区域非遗保护高质量发展探索路径、提供示范。

2. 形成非遗活动特色集群

在"优质＋均衡"的理论指导下，长宁区已形成自身特有的传统音乐、美术、方言、民俗等各类非遗活动品牌及多个非遗特色项目，还积极打造非遗时尚创意策源地，建立时尚非遗新地标。

（1）巩固并推广品牌

"丝竹韵·弦外音"民乐推广品牌。"江南丝竹"是长宁区最早的市级非遗保护项目之一。为推广、弘扬传统音乐项目江南丝竹，长宁区自2014年起，连续8年举办"丝竹韵·弦外音"民乐推广季活动。历届内容丰富多彩，热闹非凡，有民乐与爵士乐的对话互动，有民乐与侗族大歌的联袂献演，有全市优秀江南丝竹汇演，有全国部分省市传统音乐交流研讨等，形式新颖多样，集舞台演出、社区巡演、文创集市、文旅推介、行街展演、非遗原创节目汇演等于一身。多年来，推广季活动在"文化和自然遗产日"举行，每年都盛况空前，已成为长宁区百姓参与非遗、了解非遗的盛会。

"上海话·上海情"沪语推广品牌。自2011年起，该品牌活动在长宁区已经连续举办10年，荣获上海市民文化节品牌活动的称号。8年来，长宁区通过各种形式对沪语进行推广和普及，演绎大赛、名家论坛、"阿拉窝里厢"故事汇、原创微视频演说等活动，让上海人重温乡情乡音，让新上海人增添城市认同感和参与感，提高人们对地方语言文化艺术的鉴赏力和亲和力。

非遗艺术展览系列品牌。多年来，以长三角地区国家公共文化服务体系示范区（项目）合作机制的建立为契机，长宁非遗保护中心加强长三角区域在公共文化领域的交流合作，发挥长三角非遗项目及传承人的资源优势，立足非遗系列品牌发展战略定位，举办了形式多样、内容丰富的全国及长三角地区非遗精品展览。如"山丹丹花开到长宁·脱贫攻坚奔小康"陕西安塞农民画、上海长宁西郊农民画作品交流展，再如"金牛送福迎新春"2021撕纸艺术作品展、月份牌年画非遗共享体验展"玫瑰我爱'宁'""百年百艺·薪火相传"中国传统民族乐器展等，依托长宁非物质文化遗产传承体验中心、虹桥当代艺术馆、博乐展厅、中国元素展厅等非遗场馆，与杨子精品酒店等主题酒店结合，成为长三角民俗游的必选之地。

（2）建成非遗时尚创意策源地

"上生·新所"——历史建筑变身城市"网红"。近期，长宁区支持和促成了延安西路1262号原上海生物制品研究所改造，完成了"上生·新所"建设，打造融办公、经营、活动、酒店、购物为一体，汇集科技、文化、时尚、创意、媒体等优质企业。

虹桥香事馆——开在公园绿地里的非遗社会分馆。2019年，长宁民俗文化中心（长宁区文化馆联合总馆）与新虹桥中心花园合作，利用公园闲置房屋，在公园绿地内建立了虹桥香事馆暨长宁文化馆联合总馆下属社会分馆。多年来，香事馆主打"文旅+文绿"融合模式，以传承"人文香事"项目为抓手，开展一系列集展示、交流、研学、传习为一体的非遗保护活动。在此基础上，长宁区将进一步丰富旅游内容，强化非遗内核，结合"非遗日"主题活动，打造全新非遗打卡地，对线上"非遗会客厅"观众进行引流，丰富游客实地体验感，引导游客充分感知由传统文化带来的生活美学。

海派国际艺术风情街区——非遗艺术品展览与交易中心。长宁区采取多点恢复、连点为线、扩线成面的方法，推进海派国际艺术风情街区建设，旨在打造以非遗艺术品为主的艺术品展览与交易中心。推动程十发美术馆和文化大厦建设，与刘海粟美术馆、上海油画雕塑院形成联动，已构成专业展览展示中心、时尚活动中心和艺术品交易中心功能板块。

3. 擦亮"优质+均衡"非遗创作创意名片

长宁区文化馆联合总馆作为地市级公共文化馆，每年在开展区域性群众性文艺创作的同时，将非遗传播理念融入其中，对传统文化进行创造性转化和创新性发展，将艺术普及、文艺创作与非遗保护相结合，深入生活扎根人民，做出广度深度，夯实文艺精品创作的基础，努力攀登艺术高峰，谱写文艺创作和非遗保护繁荣发展的新篇章。

其一，传统音乐创作。群星奖获奖作品《和·鸣》将传统音乐创新演绎。2007年，"江南丝竹"获批市级非遗保护项目，但多年来，其演奏曲目陈旧，表演形式单一，演出团队固定，保护方式局限。究其原因，在于非遗传统音乐没有精品新作，艺术表现力停留于传统美学，没有时代吸引力；受众群体局限于中老年人，没有年轻群体关注。为改变这一现状，长宁文化艺术中心创作民乐重奏《和·鸣》，并于2019年5月荣获由文化和旅游部颁发的"第十八届中国文化艺术政府奖—群星奖"。

其二，传统戏曲创作。沪剧是 2007 年进入市级保护名录的长宁区非遗项目。2019 年 11 月，为庆祝中华人民共和国成立 70 周年，作为第二十届中国上海国际艺术节纪念改革开放 40 周年展演重点推介剧目，以长宁区虹桥街道虹储居民区党总支书记朱国萍为原型的原创沪剧《小巷总理》受邀参加中宣部、文旅部联合主办的"2019 年全国基层院团戏剧汇演出"，同年参加国家文旅部"全国优秀现实题材舞台艺术作品展演"，长宁区非遗登上全国舞台，讲述长宁故事，演绎长宁非遗，尽展长宁形象。多年来，长宁沪剧传承中心坚持原创特色，注重现实题材，致力打响长宁红色文化品牌。《小巷总理》在京演出时，受到北京观众的热烈欢迎。

其三，传统美术工艺创作。运用非遗技艺开展静态类非遗艺术品创作。一是原创长宁西郊农民画《中国速度——火神山医院》入选中华艺术宫"召唤——上海抗击新冠肺炎疫情美术、摄影主题展"。二是撕纸传承人华兴富创作撕纸作品《新时代·新上海》，为纪念改革开放 40 周年，以上海的简称"申"字为主线，以圆圈凸显上海城市精神，弘扬"海纳百川、追求卓越、开明睿智、大气谦和"的国际大都市风采。2019 年，华兴富的作品在上海市剪纸艺术大赛中荣获"金剪刀奖"。2020 年，华兴富的作品参展上海进博会，并受邀在现场展示撕纸技艺。2021 年，华兴富又创作完成了题为"展现百年党史'撕'说背后故事"的 18 幅撕纸作品，这组作品记录了建党百年间的重大历史事件，还原了中国共产党一步步发展壮大，带领中华民族走向繁荣昌盛的珍贵历史瞬间。三是面塑传承人张书嘉与上海话剧艺术中心联合制作面塑动画短片《剧场观剧礼仪》，以中国话剧先驱黄佐临先生的"Q 版面塑"和上海话剧艺术中心吉祥物"安福鹿"为动画人物，用生动有趣的形式展示剧场观剧礼仪，并在每场演出前的大屏投放。2021 年，她又与上海社会科学院及《新民晚报》合作，根据张晓栋作品《红色弄堂》为剧本，创作录制了"红色弄堂"系列短视频，讲述了一个中国共产党人早期在上海进行革命活动的弄堂故事，寻找烟火气里的红色记忆，在《新民晚报》全媒体播出报道。

张书嘉用具有千年历史的面塑技艺还原了百年前的场景，用"动起来"的面人讲红色故事，让那段历史更加生动，让非遗"活"了起来。四是长宁非遗保护中心手工艺团队创作的创意香囊"端午安康""金鱼戏水""复古香囊""瘦十斤"，荣获"慧心巧思，大匠运斤——2019 年上海市端午香囊大赛"最佳创意奖。

其四，非遗文旅 IP 设计。一方面，打造非遗特色文创产品。2021 年初，长宁非遗保护中心与清华大学美术学院团队合作，共同设计创作了两款"年画话年"表情包，包括第一弹"借你吉言"和第二弹"神仙拜年"，吸收木版年画的风格特征，神仙造型高度还原，表情萌态十足，使传统年画中的神仙跃然"屏"上。这些年画包含"万事如意、五谷丰登、手气最佳、吃瓜看戏、食来运转、Happy 牛 Year"等多款表情，融入年轻人的热门聊天场景，传递年轻人时尚另类的春节祝福和诙谐调侃的日常对白，携吉言吉语走进现代生活，再造传统年画新形象。另一方面，开发皮影元素文创，打造非遗伴手礼。皮影为形，昆曲为韵，2021 年，长宁非物质文化遗产传承体验中心联合昆山当代昆剧院、印象昆韵共同设计推出新春文创年礼，以"八仙过海"神话为设计元素，以皮影戏人偶形象为设计特点，文创礼盒心怀传统、脚踏实地，将上好的滋味、有趣的游戏融为一体。同时，定制知味观传统老字号点心，共 8 种 14 样，象征新年八方来客，事事顺遂。文创礼盒以"新年第一口糕"的经典味道，开启一年的好心情，以最东方的传统方式，祝四海宾朋新年好运，祝文旅公共服务融合出彩。

两年多的示范区创建，为长宁区公共文化服务体系建设注入了强大的动力。长宁区公共文化服务体系建设实现跨越式发展，也为长宁区非遗保护带来了溢出效应。下一步，长宁区可以按照文化和旅游部《"十四五"文化和旅游发展规划》工作要求，深化非遗传承体验设施体系建设，全面推进非遗传承保护高质量发展，将以"均衡"发展为基础的非遗传承与"优质"保护的工作标准相结合，将"技艺传承"与"团

（下转第 43 页）

作为民间戏曲传承方式的"村班"

——以鲁西南刁庄村花鼓戏村班为个案

王生晨

摘　要：鲁西南刁庄村花鼓戏村班作为不同于窝班和混合班的一种民间戏曲班社的组织形式，具有以村落为依托、贴近民众生活、自发性与非商业性等特点。它在专业性不高、没有经济收益的情况下维系了半个多世纪的展演实践，为今天民间文化的保护与传承提供了有益借鉴。在戏曲演出市场持续低迷、商业演出团队难以为继的局势下，一味强调以市场为导向的实践探索一直没有突破，或许我们可以尝试营造民间戏曲生存的传统文化氛围，以村班作为组织方式，让民间戏曲贴近民众生活，回归村落传统，激活村落生活，结合新时期民众对民间文化的整体诉求，在村民观念转变、村落行政倡导和专业团体有益引导等多重作用下，激发民众自下而上的文化自觉，尝试走出一条新的民间戏曲保护传承的路径。

关键词：民间戏曲；郓城花鼓戏；村班；保护传承；村落传统

中国传统文化尤其是民间文化走向没落的趋势明显，且已产生了很多后果，具体到戏曲行业，很多地方戏剧目甚至剧种的消失就是其重要表现。虽然近年来在非遗保护的推动下，民间戏曲呈现出活跃的状态，但很多学者仍怀忧患意识，认为这只是一种表象，很难从根本上改变其走向没落的现实。[1]在原因分析与建言献策方面，笔者在田野调查中得到的答案几乎都指向同一点，即"挣不来钱"是最大的问题。将生存诉求置于文化需要之前的选择无可厚非，从经济和市场的角度保护和复兴传统戏曲是最正当也是最可能的路径。针对这一点，学界早有涉及，傅谨在其台州戏班的调查研究中指出，民间戏班最重要的特点是营业性、流动性和职业化，只有让民间戏班回归到自然生长的环境当中，还原其本身的商业属性，才能真正地让它生存下去。他甚至提出，政府越不干涉，越有利于它的自然发展。[2]更有学者认为，政府部门应该引导而不是主导，不能切断观众"喂养"戏曲的自然"生物链"，只有一方人养一方戏，民间戏曲才能有旺盛的生命力。[3]

这是近年来除非遗保护理念外最为主流的观点。仔细思考会发现，这种观点的前提是，将戏曲展演当成一种经济行为来看待，略带"经济决定论"的意味。

值得注意的是，戏曲展演本身是一种文化行为，人们从戏曲中得到的是情感与精神的满足，真的不存在商业演出团体之外的戏曲演出组织吗？在戏曲演出市场不景气的今天，民间戏曲就必然走向消亡吗？笔者在田野调查中发现了山东省郓城县刁庄村花鼓戏村班的一段历史，现将其呈现出来，以期为当下民间戏曲的保护与传承提供一个可以借鉴的个案。

一、窝班、混搭班与村班：民间戏曲班社的不同组织形式

在娱乐方式匮乏、生活节奏单一的中国传统乡村社会，戏曲展演作为一种文化活动，在丰富乡民精神生活，调节乡民生活节奏方面有着重要作用。民间戏班作为民间戏曲及艺人的存在方式，对研究戏曲在民间的生存与传承情况，了解乡民的娱乐方式与生活状态，有着不

作者简介：王生晨，山东大学儒学高等研究院民俗学研究所博士研究生。

非遗传承研究 2021 (3)

可替代的重要作用。根据民间戏曲展演场域与艺人组织方式的不同，民间戏曲班社一般可以分为窝班、混搭班与村班。

窝班和混搭班是最常见的两种商业戏班组织，虽然在商业性的总体诉求指引下，它们都以商业演出为主要业务，以盈利为主要目的，但具体而言，二者在人员构成、传习方式、内部关系等方面存在着明显的不同。

在人员构成上，窝班是指由师父和徒弟组成，一般以师父掌班领导、徒弟效力支持的形式构成，组织相对稳固，管理较为严格，演出风格和水平因为师出同门而大体统一。混搭班是指以非师徒关系的朋友、兄弟、夫妻等个人关系为纽带的组织，是跨村落甚至是跨区域的，人员构成时常调整，具有轻松活泼、灵活随机的特点。因为人员来自不同的地域或师承，演出风格和水平存在差异，不甚统一。

在传习方式上，窝班以师父带徒弟的方式进行，一边教一边学一边演，从小角色到大角色，从词少到词多，在学中演，在演中学，俗称"随班起"，是民间戏曲传习的主要方式。混搭班一般是由学成出师、可以独立搭班的成熟演员组成，不存在固定的传习关系，即便存在年轻演员向前辈艺人学艺的情况（称为"偷师"或者"跑腿"），也只有师徒之实，无师徒之名，演员们相对独立并相互尊重，和传统师徒制的组织关系有很大不同。总体来说，窝班是一种教学与演出并重的组织，而混搭班主要以演出为诉求，教学传习只是商业演出的副产品。

在内部关系上，窝班中的师徒关系更为亲近，更符合"师徒如父子"的传统说法，徒弟对师父甚至有生养死葬的责任。师父对徒弟更具责任心，态度也更严厉。另外，窝班的师父有给徒弟"撑腰"和"掐腿"的义务与权力。"撑腰"是指当徒弟遇到困难或者被同行欺负时，师父有出面保护或者帮忙平息事端的责任，这对师父有一定的道德约束性，如果师父管不了或者不想管，师徒的情分可能就此瓦解。相反，假如徒弟得罪师父，师父可以断绝师徒关系并让同行晓知，足以让徒弟难以在圈内生存甚至失业，这种情况被称为"掐腿"。不管是"撑腰"还是"掐腿"，都显示了窝班中师父对徒弟的强大影响力与把控力。而混搭班的演员之间更多是一种平等互惠的合作关系，约束力不强。

所谓"村班"，在笔者看来，起码有两个方面含义。"村"是指民间戏曲的传承、传播及展演都是以村落为依托；"班"是指具有展演目的和能力的戏曲演出组织，如果只传播知识而不演出，顶多算是一个教学组织，不在本文所谓"村班"的范畴之内。从这个角度上说，村班并不是一个新生事物，很多以村落为依托的民间文化事象都具有这种性质，如张士闪关注的山东昌邑西小章村的"竹马"表演和朱振华关注的鲁中三德范村春节"扮玩"活动等，都在此列。其实，在中国悠久的文化历史中，民间文艺多数是从村落内部兴起并留存的，是村民们在农闲或者节庆时进行自娱自乐的方式，它本身就是村民生活的一部分。[4] 只是随着演出活动的进行和演出水平的提高，一些组织被超越村落范围的乡民认识和肯定，开始走出村落进行表演。只有当人们将文艺展演当作谋生手段时，商业性质的演出团体才开始出现，也正是这种在乡间不断流动的商业演出组织的出现，使民间文艺展演成为只有越来越专业的少数人才能掌握的技能。[5] 平心而论，这种转变促进了民间文艺作为行业的存在，也有助于展演团队专业水平的提高，但是它在一定程度上淡化了民间文艺与民众生活的鱼水关系，整体上不利于民间文艺的长远发展。

和窝班、混搭班相比，村班不以商业演出为基本诉求，具有更为自主的公益性质。鲁西南刁庄村的花鼓戏村班有着固定的班底，它既不搭别人的班，也不让村外的人进入自己的班子。另外，刁庄的村班还具有明显的代际传承脉络，从第一代到第四代，每一代都有明确的代表人物、活动时段以及重要事件。黄旭涛将这种组织称为"窝儿班"，本文认为其缺乏窝班最重要的特征——固定的师徒关系，故虽然具有一定的窝班性质，依然不能称为窝班，而属于"村班"的范畴。[6] 总之，刁庄花鼓戏村班以本村村民为构成主体，以村落为传承场域，从自发形成到被村落接纳成为"官方"组织，再到脱离村落走商业演出道路以致没落解散，其形成、发展及转变过程都以村落为依托，最终形成了村落传统与村落标志性文化。[7]

二、一村四代：刁庄村花鼓戏村班的历史进程

郓城县位于山东省西南部，其西北部、北部和东部被黄河和大运河交叉环绕，南倚中原腹地，处于苏、鲁、豫、皖四省交界地带，历史上人口稠密，交通便利，商业贸易较为发达。不同行政区划的交界有利于各种文化风潮的交流互通，加之受大运河的影响，使之接触外来思潮的机会增多。[8]郓城民间艺术历史悠久，人才济济，许多优秀艺术在此得到继承和发展，郓城花鼓戏则是花鼓传入山东郓城，与当地民间文化相结合的产物。[9]潘渡镇刁庄村位于郓城县城北10千米处，是一个普通的鲁西南乡村。刁庄村花鼓戏村班自1930年代由戏曲爱好者成立开始，到后来作为村落的宣传组织为村落所用，再到后来走向商业演出的尝试，最后在经济大潮来临之后消解于无形，完整呈现了以村落为基础的戏曲演出组织从无到有、从小到大、从低迷到高潮再到没落的全过程。

1. 村班草创期：花鼓戏爱好者的自发组织

刁庄村花鼓戏村班目前可以确定的第一代艺人以刁怀志和刁怀美为代表。刁怀志出生于1905年，因为酷爱戏曲而跟逃荒来村的流浪艺人学艺。据村内老艺人回忆，他脑子聪明，学东西快，经常是别人学"单边子戏"（只会唱某一个角色），他学全场戏。而且他后半生独自生活，给他学戏、唱戏、教戏创造了有利条件。刁怀志是教授学生最多、持续时间最长的老艺人，后来几代花鼓戏艺人基本都是他教出来的，可以称得上是刁庄村班的奠基者和创始人。刁怀美的父亲是当时郓城县保安团长的结拜兄弟，在村落中长期掌握话语权，对待戏曲的态度保守且权威，正如明恩溥在《中国乡村生活》中描写的中国人对待戏曲的矛盾心理一样，他自己喜欢听戏，但又坚决反对儿子唱戏。[10]刁怀美在台上演出时，得知父亲要来，便带着头面和妆容直接从台上逃跑的事时有发生，成了村民们长时间茶余饭后的谈资。就在这种激烈的观念碰撞中，由戏曲爱好者自发组成的刁庄花鼓戏村班逐渐建成并初具规模。

2. 村班发展期：演出水平的提高与演出范围的拓展

刁庄村花鼓戏村班的第二代艺人出生于

1915年左右，演出时段在中华人民共和国成立前后至20世纪50年代中后期，代表人物有刁怀广和刁秀海等人。刁怀广出生于1916年，攻旦角，最擅长的剧目是《秦雪梅吊孝》，在四里八乡颇具名气。刁秀海和刁怀广年龄相仿，曾经长期担任班主，尤其是"改弦"之后，他作为教戏师父和第一代艺人刁怀志一起培养了不少后辈艺人。以刁怀广和刁秀海为代表的第二代艺人们在第一代艺人的基础之上，不断拓宽演出范围，逐渐提高演出水平，为它被村落收纳而成为村落宣传与村际交流的"官方"组织做好了准备。

3. 村班成熟期：作为宣传方式与村际交流的"官方"组织

进入集体化时期后，为了丰富集体生活，文艺活动成了受重视的话题，加上宣传工作的需要，很多村落成立了自己的宣传队，既有的花鼓戏村班便承担起刁庄村宣传队的职能。村落组织对宣传队的支持除了提供一些力所能及的物质保障外，还将学戏演戏当作"集体劳动"，可以得到和参加农业劳动一样的工分。排除掉多数人不爱唱、不能唱、不会唱等因素，刁庄村花鼓戏村班每一代大约有七八人，可以组成一个相对完整的演出组织。

集体化时期主要是第三代艺人从业后期和第四代艺人的从业期。第三代的代表有刁望存、刁秀奎、李明晨等，出生于1930年左右，主要演出时间在中华人民共和国成立初到20世纪60年代初期的十多年间。第四代艺人的代表有刁秀运、刁秀豪、刁望林、刁怀三等，出生于中华人民共和国成立前后，演出时段在20世纪六七十年代。

在集体化初期，刁庄村花鼓戏村班主要作为农闲节日期间村落公共文化生活的一部分，在村落内部表演，而随着演出的日渐成熟，周边村落慢慢知道了它的存在，于是刁庄花鼓戏村班开始走出村落，受邀去外村演出，作为乡里的一种互助行为，也作为村际交流的一种方式。[11]据老艺人刁秀豪回忆："那时候都抢箱，来得晚了就抢不上了，有一年春节前戏箱就被一个村派人扛走了。"刁庄村花鼓戏村班在宣传上级思想、丰富村落生活、加强村际交流、促进村民集体意识与文化认同等方面发挥了重要

作用。和之前第一代、第二代老艺人的自发组织相比，集体化时期的第三代、第四代艺人演出得到了集体的认同，虽然没有为家庭带来收益，但是也从耽误干活的"玩儿"变成了可以挣工分的劳动，从业余爱好变成了群体认同的"事业"，代表国家权力的村委的参与和支持对村落艺术团体的传承和发展有决定性影响，也深刻影响了民众的思想观念。[12]加之戏曲演唱需要先天条件，一时间，唱戏成了"能人"的职业，这大大增强了艺人们的信心，也鼓励了他们的后续投入，使刁庄村花鼓戏村班迎来了发展的高潮期。

4. 高潮与没落：商业大潮来临后的兴与衰

刁庄村花鼓戏村班发展的高潮期是从集体化时期后半段开始的，因为郓城花鼓戏的唱腔和戏词不符合特殊年代的要求，所以刁庄村花鼓戏村班的艺人全部改唱两根弦，即上文所称"改弦"。由于两根弦的演出场面比花鼓戏大，需要的人员比较多，所以这个时期的戏班班底是有史以来最庞大的。另外，两根弦演出需要有正式的装扮，音乐伴奏也更为复杂，所以刁庄村花鼓戏村班在这个时期加大了对戏箱的投入。据老艺人们回忆，当时一次性购买戏箱就花费了一千多元，这对40多年前的中国农村而言，近乎天文数字。既然投入这么多，艺人们的演出激情也空前高涨，准备干出一番事业，所以即便后来村里不给他们计算工分，艺人们还是坚持外出演出，在他们的努力下，刁庄村花鼓戏村班取得了很高的知名度，演出邀约逐渐增多。此时的村班兼具公私双重性质，一方面仍作为村落组织进行宣传演出，另一方面以个人身份外出演出，其性质与形式和今天民间戏班开展副业的商业经营方式十分相似。在这种情境下，村落组织不再提供相应的支持与补给。

随着集体化时期的结束，刁庄村花鼓戏村班的突然解散，这让笔者十分好奇，但是老艺人刁秀运的解释十分平淡："分地①之后，大家都开始忙着种自己的地，慢慢就解散了。"解散后，刁庄村花鼓戏村班再也没有重新组织起来，刁秀运老人除了偶尔去文化部门参加汇演之外，也不再参加其他演出，至今已经40多年。在回

———————————
① 指"家庭联产承包责任制"政策的施行。

忆和讲述的过程中，可以体会到老人对青年岁月的怀念以及对花鼓戏的钟爱之情。几年前，在菏泽市文化馆同志的帮助下，刁秀运成为郓城花鼓戏省级代表性传承人，但对花鼓戏的传承事业，老人一直耿耿于怀："咱自己的孩子都不学，怎么让别人学呢？现在挣不来钱就不行，当年我们就是为了挣口饭吃，现在光管饭谁还唱？挣得少了都不唱。我也只能自己撑着了，如果没有我了，花鼓戏也就完了。"

三、村班：民间戏曲的一种传承方式

通过对刁庄村花鼓戏村班历史进程的梳理，可以看出村班不同于窝班、混搭班的显著特性。

第一，村班的形成不是以商业演出为目的，而是由村落的业余爱好者自发组织起来的。在相当长时间内，作为自娱自乐的兴趣组织，它的传承、展演都在村落内部，与民众生活融合在一起，是民间戏曲最为传统的生存方式。

第二，村班的代际传承脉络清晰，每一代艺人的活动时段、代表人物、演唱风格、主要事迹等都十分明确，这对其他组织形式来说基本不可能，而在村落内部，确实有其存在的合理性。

第三，戏班组织从以兴趣为导向的自发组织，到被村落收纳为"官方"组织而承担宣传任务，再到集体化时期之后商业演出的探索，直至最后消解于无形，刁庄村花鼓戏村班的发展过程之完整是其他戏班组织所不具有的。这个发展过程说明，民间戏曲演出组织是在艺人情感、国家政策法规、乡村生活环境和经济基础等多方面复合因素的共同作用下维系的，它可以作为反观中国乡村社会的一个视角，给我们的研究带来启示。

第四，从整体上看，刁庄村花鼓戏村班的专业性相对较低。关于这个问题，可以从三个层面进行分析。首先，刁庄村花鼓戏村班所能演出的剧目较少。据老艺人刁秀豪说，20世纪六七十年代，村班可以熟练演出的剧目只有五六出，所以他们在同一个地方最多演出三四天（非特殊情况下，在同一个地方一般不能重复演出相同剧目，所以五六个剧目最多演三四天）。与他们同时期的一些能力较强的老艺人能记住100部左右的剧目，保存到今天的郓城花

鼓戏剧目也有 30 多部。只能演五六个剧目，不管是对当年还是现在的戏班来说，都不能说是一个专业的演出团体。其次，演出范围较小，不与别的戏班合作。刁庄村花鼓戏村班多数是作为村落宣传与村际交流方式在周边村落进行演出，前文所讲第二代艺人对演出范围的拓展以及后来商业演出的探索是十分少见的，实际上他们并没有真正走入演出市场接受磨炼和打造，演出的专业性略显欠缺。最后，刁庄村花鼓戏村班在集体化以后迅速解体，一方面说明他们难以适应新的演出市场，另一方面也说明班内人员对戏曲演出的兴趣和热情不高。

第五，刁庄村花鼓戏村班的演出活动几乎没有带来经济收入，即便是最高潮的演出时期，所得利益也仅够购买戏箱，并没有给艺人的家庭带来收益，"顾嘴"的思想与传统，或许是导致戏班在经济大潮来临之后迅速解体的直接因素。

作为一个专业性不高的民间戏曲演出组织，刁庄村花鼓戏村班的如上特性正是其能够在没有经济收益的情况下存活半个世纪之久的深层逻辑。它的传承与展演在熟人环境的村落中公开进行，村民入班也是自发行为，它的存在已经内化成民众生活的一部分，而非以营利为目的的商业动机，自发性与非商业性是其存活的基础和前提，同时也是在经济大潮来临之后迅速解体的根本原因。今天，在戏曲演出市场持续低迷，商业演出团队也难以为继的局势下，一味强调以市场为导向的实践探索一直没有突破，民间戏曲的专业演出组织也在经济社会的整体环境下日渐式微，逐渐走向消亡。或许我们可以反其道而行之，从作为非商业组织的刁庄村花鼓戏村班中获得一些生存的启示。

四、结语

新时期的文化语境较 40 年前已经有了深刻变化，和 20 世纪 80 年代经济大潮刚刚来临时大家趋之若鹜的心态有所不同的是，经过 40 年的发展，人们开始对一味强调经济利益的论调进行反思。在文化领域，人们对消费文化存在审美疲劳的心理，对碎片式的快餐文化开始有所反省和戒备，借助非遗保护与乡村文化振兴的东风，很多村落开始思索并梳理自己的文化传统。

在强调传统文化和个性文化认同的语境下，以村落为依托的民间戏曲班社或许还有生存的契机，尝试营造民间戏曲生存的传统文化氛围，不再强调其作为谋生手段的商业导向，以村班作为组织方式，让民间戏曲贴近民众生活，回归村落传统，激活村落社会，结合新时期民众对民间文化的整体诉求，在村民观念转变、村落行政倡导和专业团体有益引导的多重作用下，激发民众自下而上的文化自觉，走出民间戏曲保护传承的一条新的可能性路径。◆

参考文献：

[1] 王加华.当下民间说书艺人的生存困境及其应对策略——以胡集书会参会艺人为中心的探讨[J].文化遗产，2012（4）：101—109.

[2] 傅谨.草根的力量——台州戏班的田野调查与研究[M].南宁：广西人民出版社，2001：18—20.

[3] 张春玲，王晋.中国地方戏外部生态环境及传承保护策略[J].晋中学院学报，2017（1）：33—35，60.

[4] 刘铁梁.村落——民俗传承的生活空间[J].北京师范大学学报（社会科学版），1996（6）：42—48.

[5][6] 黄旭涛.民间小戏村落传承方式的调查与遗产保护的思考——以祁太秧歌为个案[J].民俗研究，2009（2）：131—142.

[7] 刘铁梁."标志性文化统领式"民俗志的理论与实践[J].北京师范大学学报（社会科学版），2005（6）：52—58.

[8] 王加华，曹永.交通环境、社会风气与山东地方戏的流布及地区差异[J].中国历史地理论丛，2006（2）：67—74.

[9] 山东省郓城县史志编纂委员会.郓城县志[M].济南：齐鲁书社，1992：6.

[10][美] 阿瑟·亨德森·史密斯.中国乡村生活[M].赵朝永，译.上海：上海社会科学院出版社，2019：35—36.

[11] 张士闪.村落语境中的艺术表演与文化认同——以小章竹马活动为例[J].民族艺术，2006（3）：24—37.

[12] 宋正.村落语境中的乡民艺术与地域互动考察——以沁阳宋寨怀梆剧团为例[J].美与时代，2010（10）：49—51.

择一行爱一行：两次生命的起点

——山西古交市非遗项目"岔口道情戏"自然传人王谷唤访谈

采访人：闫慧芳　受访人：王谷唤

"岔口道情戏"自然传人王谷唤，是目前山西省古交市岔口道情剧团中最为年长的，也是岔口村第一批学习道情戏的人。作为当地的道情戏名角，他深悉道情戏的起源发展与传承脉络，为道情戏的传承与保护作出了重要的贡献。王谷唤痴迷于道情戏，奉献于道情戏，从第二批学徒开始，他负责传授唱腔与表演技艺；他通过自身的努力保留下了珍贵的道具箱，并集齐各方力量记录和整理了几十本道情戏的剧本。随着非遗保护的不断推广与深入，"岔口道情戏"受到当地政府的重视，本土民众也逐渐意识到非遗传承的意义与价值。2009 年，岔口道情戏成为古交市第一批非遗项目，王谷唤徒弟冯玉娃被列为古交市非遗项目"岔口道情戏"代表性传承人。

在这次自然传人口述史访谈中，笔者着重以自然传人主体的学艺史和生活史为切入点。通过访谈认知口述对象，把握自然传人的人物个性，捕捉其记忆深刻的经历和体验，从而为自然传人建立文化档案，让自然传人能够在非遗传承与保护的过程中实现自我身份的认同。

一、从咂手锣到学唱道情戏

闫："岔口道情戏"作为一种民间戏曲，在当地具有标志性和代表性，深受老百姓的喜爱。据了解，您是岔口道情剧团中最为年长的，也是岔口村第一批学习道情戏的。那么，您是从什么时候开始接触到道情戏的？

王：我 1938 年出生在一个贫寒的农民家庭，排行老五，但是我从来没有见过哥哥姐姐们，他们都不幸夭折了。从小家贫，没上过几年学。8 岁才开始上学，只念了两三个冬天。夏天没功夫念，因为要跟着大人下地干活儿。在我 10 岁的时候，村里就有道情戏了，还有专门的道情房。我是 11 岁不上学的，白天劳动完，到了晚上闲下来的时候就和同伴们跑去道情房看他们排练、汇演。每次我都是守在演员身边，把脑袋凑过去，偷偷地将看到的、听到的记在心里。因为年纪小，有时候也不太能听懂师傅讲的东西。起初，我对乐师手里的手锣尤其感兴趣，总是想过去敲一下。乐师听到后从炕上下来，二话不说就往我脑袋上敲几下，接着又上炕继续排练去了。唉，于是"捽给两逼斗（按："逼斗"指巴掌），揉上两眼眼"就成了家常便饭。像这样因为淘气被打的次数，手指头都数不过来了。

后来师傅实在看不下去了，就和乐师说别打这孩子了，看他真的是"爱见"这手锣，要不让他试试吧。再加上当时班子里学手锣的学徒总是拿不下来，听到师傅让我试试的话后，乐师也就同意了。他们排练"红场"的时候就让我咂手锣，令他们意外的是，我一咂居然都能对在他们的点上。师傅惊喜地说道："这是一个'苗苗儿'，孩子愿意学的话咱们就带上吧。"师傅问我是否愿意，我马上就回答愿意。但是，师傅告诉我还必须得到父母的允许才可以。开始的时候，父母并不同意我去学，担心我因为年龄小，吃不了这份苦。我记得父亲还吓唬我，如果我跟上戏班子了，以后就是戏班子的人了。但我当时也没有害怕，依然坚持要去学。父母

作者简介： 闫慧芳，天津大学冯骥才文学艺术研究院博士研究生。

王谷唤，山西省古交市市级非遗项目"岔口道情戏"自然传人。

拿我没办法，慢慢便答应了。

13岁那一年的冬天，我正式进入了道情班子，最初学习的就是哑手锣。当时我是班子里年纪最小的，他们都比我大七八岁。现在想想，那个时候的我也确实是因为爱这个东西爱得厉害，才敢在父母的反对下坚持要学。

闫：您是从哑手锣开始学习道情戏的。您当时拜师学艺的时候有拜师仪式吗？如今，您唱道情很有名气，从哑手锣到学唱道情戏是一个怎样的过程？

王：我们那时已经没有拜师仪式了，但是在出去演出前，师傅（当时也是班主）会给班子里的所有人下跪，和我们说"这次去演出就靠大家伙儿了"，这不是简单的下跪，这一跪意味着从这一刻起，我们所有人一切都要听班主的。

我拜师、进团，只排了一个腊月的戏，正月就出台。我第一次出台是去娄烦（按：指太原娄烦县）演出，正月和二月两个月，开春了我们就回来了。在娄烦，我的手锣是很出名的，看戏的人经常说："看外（按："外"指"个"）孩儿，人倒不大，耍得可是不赖啊。"哑手锣我一直做到十八九岁，好天气还好说，遇上那坏天气，手指头冻得都要掉下来了。看着人家舞台上唱道情戏的演员唱完就可以回去烤火，我心想，他们可以唱，我咋不能唱了？我也能学啊。于是，我就开始边哑手锣边偷偷地往心里记他们的唱词。后来有一次，唱小丑的演员因为身体原因不能上台演出，我就主动提出我上去顶，开始班主还不太相信，但是没办法，就让我上去演了。这次演出后，就经常让我帮着顶一下这个，帮着顶一下那个了。后来，哑手锣和唱道情轮换着来，哪里缺人我就去哪里。

从那个时候开始唱道情戏，一直到现在，一辈子都在干这行。多次演出后，不论是在当地还是娄烦一带，一说到我的名字，爱看戏的人基本都知道。

二、痴迷于道情戏

闫：道情戏的历史可以追溯到唐代，历史悠久，表演形式丰富，极具地方色彩。岔口道情戏发展至今，颇受欢迎，这一地方戏曲最初是如何流传到岔口一带的呢？

王：小时候，我听师傅聊到过，道情戏的发源地在陕西。道情戏这个剧种是道人发明的，也就是道人念教的道歌，后来传到民间，民间唤为"道情戏"。有段时间，道情戏被认为是迷信。

我们村的师傅是从娄烦请过来的。当时正赶上古交南龙沟村七月里闹红火，师傅在那里带着道情班子唱戏。我们村里有两人去南龙沟看戏，边看边和南龙沟村的人说，这戏种真是不赖啊！对方问，你们想学吗？这里就有个师傅，你们要是想学，就让师傅跟你们去。这两人直接就答应下来了，把师傅从南龙沟带回了村里。回村后，召集村里的年轻人，只要愿意学都可以跟着师傅学。

就这样，从1949年的冬天开始，岔口村的道情戏出世了，道情戏班子也开始成立了。

闫：您是1938年出生，13岁时正式进入了道情班子，也就是说1951年开始学习道情戏的。您说"过去道情戏被认为是迷信传统"，那么岔口道情戏是否经历过传承的中断？

王：岔口村的道情戏从1949年冬天出世，一直唱到了1966年，然后就停止了，没有人唱了。道情戏当时被认为是迷信，村里的红卫兵商议要烧掉道情戏的道具箱。因为我当时任贫协主任一职，红卫兵的连长提前找我商议烧箱子的事情，我一听就急了："疯了吗？以后村里的年轻人再想继续，没有道具怎么办？大家伙儿摊钱也摊不起啊！"当年置办这些道具都是我们自己花钱，在过去，出去演出挣的都是米，只能是用卖米的钱来买牛，再把牛卖到煤窑，这样才攒够钱到省城去买服装和道具。道具箱子就是这样置办回来的，所以我很不愿意毁掉这些箱子。于是，我就偷偷做了个决定，把道具箱子悄悄地藏起来，放在库里不再出露了。

那段历史结束后，道情戏又出来了。从那个时候开始，老一辈的不能继续唱了，因为他们装扮出来不像那回事了，也不好看了，所以就叫年轻人来学，我们负责教。当时是农业社时期，招了一批孩子挣上工分学道情戏。孩子们都特别愿意学，因为他们都不想在大冬天又冻又饿地去地里干活儿。教了40天左右就出戏了，正月里到娄烦演出。娄烦人爱道情戏，师傅又是娄烦的，所以道情戏在娄烦一带很受

非遗传承研究 2021（3）

欢迎。

闫：道具箱能够被保留下来，多亏了您当时的这一举动。岔口道情戏有了物，又有了人，这中间离不开您对道情戏的真爱。听说，您说过"我13岁就开始学上道情戏了，一辈子就喜欢这个，你就不要拦着我唱道情戏了，我要活到老唱到老"。您的婚姻生活和家庭琐事等是否对您的这一爱好产生了影响？

王：我是21岁结婚成家的。刚开始，我爱人的家人不支持我们在一起，觉得我是唱戏的，当时民间总说"王八戏子"。但是我爱人不顾父母反对，坚持和我在一起，她觉得我有一门技艺，凭本事吃饭，跟着我不会吃苦。

有了孩子后，她开始反对我唱道情戏，因为我经常把她们娘儿几个丢在家里，她在家不仅要忙家务、看孩子、喂猪喂鸡，还得到农业社挣工分，一个人根本顾不过来。但是，我不愿意放弃道情戏，只能尽力去劝说她，"我13岁就开始学上道情戏了，一辈子就喜欢这个，你就不要拦着我唱道情戏了，我要活到老唱到老"。经过不断的沟通，再加上她也管不住我，所以慢慢地，她也就不管了。

我原本有6个孩子，其中5个女儿和1个儿子，儿子是最小的。但是，儿子18岁那年遭遇事故离开了我们。中年丧子，我整整躺了一年，这一年里我什么都不想去想，什么都不想去干。后来剧团里的几个人来开导我："谷唤啊，你不能就这样躺着了，你躺着咱们的道情戏怎么办，孩子们还等着呢。日子还得继续往下过，起来吧，一起把咱们辛辛苦苦搞起来的道情戏撑下去。"几次的劝说，让我爬了起来，这次是道情戏救了我，我又重新开始唱道情戏。

闫：兴趣、天赋、信念，使您在道情戏中得到新生。通过与您的交谈，我深深地体会到，您将道情戏视为生命中的一部分。为了道情戏，您付出了很多，但也收获了很多，几十年如一日，依然痴迷于道情戏。现在，岔口道情戏成为当地的非遗项目，这对您而言，也是一种坚持的回报吧。

王：回想过往，其实我就是爱"这个东西"爱得厉害。实际上，过去我们的路很艰辛，后来好不容易保住了道具箱，这么多年里也不断地新换了服装、道具。眼看着一切都齐全了，

但是，2016年正月从娄烦演出回来的那天晚上，道具箱被偷了，我们的心血没了。后来我们几个老演员商议，决定抱着试一试的心理，去和村里做生意的老板拉赞助。没想到，对方一听我们的来意，爽快地答应了我们的请求，出钱为村里道情戏剧团重新置办了道具箱。但是好景不长，2017年9月的一个晚上，道具箱又被偷了，这次我们也不好意思再去开口请求帮助了，就这样，道情戏剧团没办法再去演出。后来，还是之前那位老板听说了道具箱丢失的事情，主动找到我们，并出钱置办了最好的、最齐全的道具箱。

经历了两次道具箱丢失的风波，剧团的人开会商量要派专人好好看住这些宝贝，也一定要把"岔口道情戏"热热闹闹地传承下去。

三、传承之"变与不变"

闫："岔口道情戏"发展至今，与过去相比，如今的传承有了哪些变化？

王：过去，"岔口道情戏"都是师傅口传身授，没有本子。排戏的时候，首先是师傅和学徒一起围坐在道情房的炕上，师傅会教每一个学徒每一场戏的唱词，等到学徒们在炕上都会念词了，就下地排练动作。师傅在地上念着调儿，边唱边摆动作，我们叫这是"黑场"，也就是"黑拉儿"；"黑场"结束后开始"红场"，也就是把乐器加上，等到"黑场"和"红场"都熟悉了，这场戏就算是排完了，然后就开始排下一场戏。现在则变成了口传和书写。剧团会带上一个专门写的人，师傅念，这个人都写下来，然后演员们就各自拿上属于自己角色的词来学。当今人们的文化层次提高了，演艺人员有了这样的变化，也很正常，当然，道情戏的核心没有变化。

道情戏传承有序，谱系清晰，演员有了新变。"岔口道情戏"到现在已经是第六批了，我是第一批学的。第一、第二批道情戏学徒都是男性，第三批开始也招收女性，但是这批闺女们，学会以后唱了三年就出嫁了，演员凑不齐了，导致无法演出。第四、第五批的时候还是有闺女们想学，当时并没有考虑太多，还是继续教了，可是演员凑不齐无法演出的情况再次发生。眼看着道情戏剧团越来越办不起来，所

以从第六批开始不得不改变了收徒方式，只收男性和儿媳（按：已婚女性）。这种情况下，如果遇到不愿意学的儿媳们，我们就会给她们做思想工作，她们也逐渐接受了道情戏。现在和过去不一样了，以前会说"王八戏子"，一般不会让学唱戏、响工，但现在越来越多的女性也开始学习这些了。

记得以前我们演出的时候，台下看戏的人觉得我们唱得或者演得精彩的时候，他们从台下扔上来烟或者钱，这是一种台上台下互动的方式，我们台上的演员遇到这样的情况，表演也都会更卖力。而现在，年轻人大都喜欢上网、看电影、看电视等，都没有多少人喜欢看道情戏了。

闫：随着城镇化的不断发展，剧团年轻成员大都进城打工谋生，春节期间才返回家乡；同时，道情戏的演出具有节日性，只有春节和村节演出才更为频繁。现在还有人主动来学习"岔口道情戏"吗？

王：现在，老百姓也越来越重视民间文化，特别是春节和村节期间，剧团成员会自发组织起来，义务在本村演出。因此，"岔口道情戏"才能一直传承下来。

现在选演员也是和过去一样，主要看个人意愿，而且农村剧团和国家剧团在选人上也是有区别的。这个人只要愿意，如果嗓子不行，就换到武场，武场不行就换到文场，就这样来回调换。

我有两个女儿是第六批跟着学道情戏的，虽然她们是闺女，但是女儿和女婿为了方便照顾我们老人，儿子走后，他们就搬来岔口村和我们一起生活了。也正是由于他们长期住在我身边的缘故，所以也就收女儿为徒了。"岔口道情戏"中还有一个重要的规矩：花戏原则。比如我虽为女儿们的师傅，但还是有讲究的，作为父亲，我不能教她们道情戏中的花戏，她们需要向其他的师傅拜师学习。

闫：虽年事已高，但您的嗓音依旧这般铿锵有力，浑厚自然，动作也是灵活自如。对于"岔口道情戏"，您热爱着，坚持着，是位朴实的文化传承者，非遗传承的初心不变，实属珍贵。请问您对"岔口道情戏"的发展有什么期许？

王：我从小没读多少书，也没什么文化，但就是一辈子爱"这个东西"爱得厉害。道情戏救了我，给了我第二次生命，让我重新站起来了，我不希望"岔口道情戏"就这样中断了。现在我的想法也很简单，希望能在我有生之年把我一生学到的全部教给孩子们，给他们置办好演出道具，尽力帮助孩子们把道情戏继续传承下去。我想，我的过往经历无非就是择一行爱一行，秉承这份热情和坚持。非遗发展也应当如此吧。◈

（上接第34页）
队培育"相结合，将非遗艺术品创作与群文艺术创作相结合，加强非遗跨界交流，尝试多种非遗保护"优质＋均衡"新方式。

线上传播方式，可以使非遗展现出新魅力、新亮点，使非遗培训以互联网思维迅速转化发展，让非遗保护"优质＋均衡"的时代特征得以显现。下一步，长宁区可以进一步拓展线上非遗课程内容的宽度和广度，发挥文化馆总分馆体制和联合总馆理事会机制优势，使长宁区非遗传承保护工作从优质走向均衡，创建长效发展、非遗人才培育、资金政策保障等多项机制，讲述长宁非遗故事，坚定长宁非遗自信，助力长宁经济提升。◈

甘于寂寞　致力传承

——上海市非遗项目"海派黄杨木雕"代表性传承人陈华明访谈

采访人：上海市徐汇区非遗办　受访人：陈华明

海派黄杨木雕诞生于1930年代上海土山湾，创始人徐宝庆将西方雕刻艺术的写实风格与中国传统雕刻技法结合，逐步形成了中西雕刻技法合璧、自成一系的海派黄杨木雕艺术。2007年海派黄杨木雕入选上海市非遗代表性项目名录，2008年黄杨木雕入选第二批国家级非遗代表性项目名录。此后，在上海各级政府的支持和努力下，海派黄杨木雕得到了有效的保护和传承。1961年，陈华明考入上海市工艺美术学校黄杨木雕专业，是该专业的第一批学生，师从徐宝庆、林翊。1965年，陈华明毕业分配至上海市工艺美术研究所，从事海派黄杨木雕创作工作。在五十余年的黄杨木雕创作生涯中，陈华明深入工厂、农村、部队、码头、剧团、机务段等体验生活，创作了大量反映时代生活的作品。2014年，陈华明被认定为上海市非遗项目"海派黄杨木雕"代表性传承人。

一、走上黄杨木雕创作的道路

上：我了解到，1944年11月24日，您出生于上海虹口的一个高级职员家庭，从小就展现出对美术的浓厚兴趣，在校园中小试牛刀，收获了不小的肯定。您能具体说说吗？

陈：我出生在虹口，在虹口住了三十多年。我从小就酷爱美术、绘画。1952年到1958年，我在虹口第一中心小学读书，二三年级的时候，就对美术特别喜爱。我母亲接送我上下学的路上，有一个书摊，摊头上卖的那些少年美术书籍、画报，我一见到就想要，要母亲买下来。如果母亲买了，那我回家后就兴奋无比，会反复临摹。小学的时候，我是学校美术兴趣小组的组长，经常得到美术老师的指导，自己也刻苦钻研，美术水平进步挺快的。

那时候，我们学校每年都组织学生去郊外春游。有一次郊游，我带了写生夹和画笔，把同学们那种尽情享受大自然的活泼生动的场面画了下来，后来这幅画参加了学校的画展。五年级的时候，美术老师叫我去办公室，我以为出了啥事，吓我一跳。但老师很慈祥、很愉快地对我说，你画的春游写生水彩画，已经被国家选中，送到国外展出了！老师把这幅作品的摄影照片给我作为留念，照片后面盖着"中国人民保卫儿童全国委员会赠"的公章，这个委员会是宋庆龄创办的。除了照片，我还拿到了5块钱的奖金。老师对我说，这个奖励费你拿去买点美术学习用品。当时我心里充满了兴奋和感激。5块钱现在看来很少，但是在那个时候不算少的，当时的满师学徒，一个月也只有18块的工资。

上：初中毕业时，您同时被浙江美术学院附中和上海工艺美术学校录取。您是如何选择的呢？

陈：1958年到1961年，我在上海市虹口区职工子弟中学读书。初中毕业那年，浙江美术学院附中和上海工艺美术学校同时在上海招生。我因为喜欢画画，同时报考了这两所学校。最后，两家同时录取了我。可是，如果要去浙江读书，就需要把户口迁到浙江。我母亲说，户口迁过去，那就迁不回来了。考虑到这点，只好放弃浙江美术学院附中。我自己心里其实还是想学画画，做画家的，但是因户口关系，就选择了上海工艺美术学校。当年考美校，竞争不小，想考上也不容易。记得报纸上登的美校招生广告，有很多专业，黄杨木雕专业那年有2000多人报考，最后只录取了20人。入学考试科目有两门，一门是绘画考试，我画的是素描

《保卫祖国》，另外一门是现场的石膏像临摹。

上：1961年，您考入上海市工艺美术学校，师从徐宝庆、林翱，成为黄杨木雕专业的第一批学员。四年的学习与实践，为工艺美校黄杨木雕专业的第一届学生们打下了扎实的专业功底，让你们成长为海派黄杨木雕的中坚力量。请您介绍一下当时的学习情况。

陈：黄杨木雕专业这一届总共招了20人，女生有4个，都是上海人。我们的专业老师是徐宝庆和林翱。

进校的第一周，学校就组织我们班去杭州写生，很巧，就住在浙江美院里。学校在西湖边，环境像公园一样。我那时心里很感慨，想着，要不是因为迁户口的原因，我就可以来这里念书了。

学校排的课程相当多，第一年文化类科目有语文、政治、历史、体育、美术；基础课有国画、素描、书法，专业课主要是雕刻等；还有劳动课，还要了解人体解剖的知识。专业实践课是去新乡路的木雕一厂（上海艺术品雕刻一厂）参加劳动，每个星期去一次。当时我们经常学习毛主席的文艺创作路线，经常深入工厂、农村、部队等地方体验生活，创作了一些反映工农兵形象的作品。

学校安排的黄杨木雕教学是分阶段的，一开始教我们学习磨刀做刀，学会做刀大概要三个月。我们刚开始学习制作雕刻刀的时候，用的都是那种笨拙的手工砂轮，还要生煤球炉，用来淬火。一卷钢丝，要截断，截断后要用火烧，烧好了要敲扁，把它磨成各种刀的形状。刀柄也要自己做，把木头削好以后，把钢刀装进去，刀头还要磨，前前后后起码要三个月。刀具全部都要自己做，条件相当艰苦。黄杨木雕使用的刀起码要30把左右，从制作粗胚、细胚，到修光，用的刀就越来越小。当时，磨刀、做刀的课都是林翱老师教的。

学习黄杨木雕，绘画功底要深。所以，四年里，学校一直都安排雕塑和素描课，这两门课训练了我们扎实的立体造型能力。另外，老师们教导我们说，黄杨木雕技艺的养成，也要靠悟性。悟性是怎么来的呢？就是来自体验生活、反复练手、不停思考。我们学习的最终目标是要学会采集资料、自己设计、自己制作，

还要学会考虑比例、结构等问题。

二年级开始学习创作。一般来说，创作可以先找木头，根据木头形状来构思作品，也可以根据构思来找木头。比如说我要创作一个小朋友，先用橡皮泥捏人像，然后再改进。捏橡皮泥要雕塑功底，通常对男女老少的人体结构都要很熟悉。那时候，我们的创作流程通常是：先到农村去，看看农村的生活，观察农民在生活中的形象啊、动作啊，然后画稿子，再捏泥稿，用泥巴捏出来。老师会帮助看看泥稿哪里做得不到位，哪里需要弥补。那时候要经常去农村体验生活，挺苦的，睡觉就打地铺。

我的毕业作品是《红色娘子军》。1964年，中央芭蕾舞团到上海演出芭蕾舞剧《红色娘子军》，我就到剧团体验生活。我在那里观察演员排练、表演、练功，待了很长时间，回学校后又花了几个月画稿、捏泥稿，再做成木雕、打磨，大概有半年时间，完成了这个作品。

上：徐宝庆和林翱两位老师在教学育人上有什么让您印象深刻的地方吗？

陈：讲到海派黄杨木雕的创作和教育，我们肯定要说到徐宝庆和林翱两位老师，因为徐宝庆老师是我们海派黄杨木雕的开创者。徐老师当时在上海工艺美术研究所工作，他在美校兼职教授黄杨木雕。徐老师给我的第一印象是温和儒雅，举止很大方。一年级的时候，我们临摹的作品基本都是徐老师的。当时，徐老师经常到学校来辅导我们雕刻，一个一个地看过去，手把手教，把黄杨木雕的技巧、要领、知识教给我们。比如雕刻怎么由粗胚到细胚，木雕中的大体和局部的处理，以及怎么修光等。同时，他也告诉我们，雕刻必须要掌握解剖知识，这样构图时才能把握好比例和结构。印象很深的是，我当时做了一只鹿，他帮我看，帮我修，教我注意结构、表情，一边讲解一边示范，非常耐心。可以感觉到，他对我们寄予了厚望。

50年代是徐宝庆老师创作的高峰时期，他的现代题材木雕在那时可以说是风靡一时。徐老师的作品是海派风格黄杨木雕的代表，他把西方的素描和雕塑技巧与中国传统木雕技巧融合起来。徐老师的作品生动活泼、风格幽默，这些都出自他心灵的感受，因为他很擅长抓取

身边的生活琐事，经过提炼后，加上适当的艺术夸张和细腻的刻画，这些作品就成了经典。徐老师的很多作品表现了上海石库门弄堂特有的文化，因此留下了很有时代感的人文特征，很容易引起大众的回忆和共鸣。我也有以青年女性和儿童为题材的作品，这也是继承了徐老师木雕的艺术题材和风格。

在黄杨木雕专业的教学上，林翊老师花费了一番心血，这是我们学生有目共睹的。比如，我们上临摹课时，林老师就先用石膏翻模，每个学生发一个。在我们临摹过程中，他一个一个地看，进行点拨。林老师给我的印象是事业心很强，也很钻研，把自己的很多雕刻经验用文字总结后教授给我们。比如关于雕刻的比例、内距，"宜小不宜大""留得肥大能改小"等经验，我至今记忆犹新。总的来说，他给我的印象是做事很认真。

二、亲历黄杨木雕创作高峰期

上：1965 年，您毕业分配至上海市工艺美术研究所工作，从事海派黄杨木雕创作。20 世纪六七十年代是黄杨木雕发展的高峰时期，您所在的上海工艺美术研究所黄杨木雕小组创作了许多反映时代生活的优秀作品。研究所里，黄杨木雕的创作方式是什么样的？大家是怎么合作的呢？

陈：我们那一批应该是 1965 年 8 月份毕业，9 月份就应该到工艺美术研究所去报到。后来大概拖了两个月才去研究所报到，进了黄杨木雕小组。

当时上海市手工业管理局局长叫胡铁生，他书法写得很好，经常到我们单位里来，对我们黄杨木雕小组相当重视，有时跟我们一起推敲创作的稿子，讨论怎么改进，怎么增加内涵。他当时给工艺美术研究所黄杨木雕创作组定了一个调，说不要追求利润和产值，要以创作为主。在这个要求下，我们黄杨木雕小组经常深入生活，去农村、工厂和具有新风貌、英雄辈出的地方采风，创作反映时代风采的可歌可泣的英雄事迹作品，那时候我们创作了很多作品。当时有一本杂志叫《支部生活》，有一期封面就是关于我们的图片，还专门报道了我们。还有《解放日报》、上海人民广播电台，也经常报道

黄杨木雕小组的创作事迹。

当时黄杨木雕创作主要是合作的方式，我们总共 20 个人左右，一般先寻找创作题材，找到题材以后，就分头做事，画稿、捏泥稿，然后分工制作。比如报纸上登的战斗英雄麦贤德，跟敌人打仗，脑袋上都中枪了，还奋不顾身地战斗。还有全心全意为人民的焦裕禄，还有雷锋、王杰。反正报纸上登什么，我们马上就会通过作品反映出来。

上：有创作过程印象比较深的作品吗？

陈：我印象比较深刻的作品有两组。一个就是 1970 年，毛主席当时在天安门城楼上发表了"五二零声明"，要打败美帝国主义和一切走狗。我们小组就通过讨论，群策群力，想要把毛主席的讲话精神表现出来，后来就做了一套作品，叫《反帝风暴》。

还有一个就是去大庆油田，做大庆工人组雕的作品。我们创作组去了 10 个人，朱鸿根带队。到了那里，一开始几天，我们跟着油田上接待的人到处参观，有各种展示馆，我们参观学习，上阶级教育课。油井上也去了，家属住的地方也去了，还去了大庆的炼油厂。那里确实是艰苦，油井上的工人平时都不回家，就住在油井旁边用铁皮搭的简易房里。他们家属区离油井很远，要等到单位里派卡车送他们回去，才能回家。

我们每天出去参观，晚上回到接待站就讨论创作思路，后来我们选了大概十个点，分头去体验生活。有的人去了油井，有的人去了缝补厂，因为那个时候，大庆工人穿的衣服容易破，家属就专门成立了缝补厂，帮工人缝补衣服。有的人去了女子采油队。我被分配到了职工家属生产队。我每天跟这些家属一起同吃同劳动，白天有时候会找他们聊聊天，晚上在接待站里就构思我的作品，勾线稿。当时，他们那里正好在宣传五个家属"五把铁锹闹革命"的精神，把她们作为典型。因为是她们最先号召"石油工人在一线干革命，家属也能干革命"。五个女同志我都找她们聊过，对她们比较熟悉，我反复修改线稿。这样大概过了一个月，我们十个人又集中起来，住到东风接待站。那时候我们一共有 9 件作品，基本上主题都定好了。我们就在接待站旁边挖了些泥巴，分头把

自己的作品草稿先捏出来，然后一起讨论，互相提修改意见，再各自去修改，这个过程大概持续了两个星期。差不多修改好了以后，我们就请大庆油田的领导过来看，提意见。他们比较关注的是，有没有把石油工人那种战天斗地的豪迈精神做出来。我们再根据他们的意见修改，最后他们满意了，我们就定稿，用照相机把这些泥稿拍下来，把照片带回上海。

回上海以后，我们就根据照片，再把泥稿捏出来，请我们研究所的领导来看，提修改意见，定稿以后，再做木雕。因为这个作品体量很大，黄杨木没法做，我们都是用丹塔木做的。丹塔木这种木材很大，两个人抬都抬不动。这些丹塔木都是我们去造船厂买来的。这些木头是从非洲进口用来造船的。这种木头泡在水里不会变形，非常珍贵，不轻易对外卖。

后来，我们一共创作了9件作品，前前后后一共雕了一个多月。作品有《英雄云集》《"两论"起家》《人拉肩扛》《油田凯歌》《五把铁锹闹革命》《铁人回收队精神》《女子采油队》《缝补到前线》《向新油田进军》。《五把铁锹闹革命》是我的作品，反映的就是家属后勤生产队的五个典型人物。我都是按照她们的长相，非常写实地去创作的，作品和人物都可以一一对应上。

这些作品完成以后，我们请大庆油田的领导来看。他们看了非常感动，没想到我们能用丹塔木把石油工人的精神表现得这么生动。他们就把这些作品都买了，陈列在大庆油田创业史展览馆里。上海人民出版社还出了一本画册，我还保留着。

三、不遗余力普及海派黄杨木雕

上：您退休后仍然刀不离手，积极活跃在各种有需求的社会平台上，普及、推广、传授黄杨木雕技艺。学员群体中，不仅有普通的社区居民，也有聋哑孩子，甚至还有监狱的服刑人员。您在哪些社区和学校开班教授黄杨木雕技艺？

陈：2009年到2013年的这段时间，我在上海工艺美术职业学院大师班教授黄杨木雕，学生主要是从美院毕业生中挑选出来的。有些学生是雕塑专业的。我记得，其中有位学生酷爱黄杨木雕，在跟我学习期间，临摹了很多作品，件件都可以说是栩栩如生。毕业以后，他被一家玉雕企业录用了。他把海派黄杨木雕的技艺以及造型运用在了玉雕上，形成了独特的风格，老总非常赏识他，我也感到很欣慰。

从2012年开始，我还在上海市聋哑青年技术学校开设了黄杨木雕课。上这个课很辛苦，学生比较特殊，我无法用语言与他们沟通，只能通过助教老师打手语翻译，要把意思传递到位，非常不容易。但是这些学生都非常好学，心也很静，这让我很感动。尤其是班级里的几位藏族学生，特别聪明好学，他们能把小动物雕刻得非常生动，很有天分。他们还通过助教老师向我表示，准备把我教他们的雕刻技艺带回西藏，因为佛教在西藏影响广泛，他们可以回去雕佛像，修佛像，我听了非常高兴。

几乎就是在同时，徐汇区文化馆也聘我去教黄杨木雕。那时，徐汇区文化馆面向社会免费开班招生，木材、上课场地，全由项目保护单位长桥街道提供。一开始有30多人参加，年轻人、老年人都有，一周一次，一次一个小时，但到最后只剩下了两三个人。可能主要是因为有的人一开始只是闲来无事，来看看，但是真正动手就不一定擅长了，于是就慢慢地放弃了。到2015年，一直跟下来的有11位学员。通过这种形式，徐汇区培养出了黄杨木雕区级传承人常俊杰，他之前是做红木家具维修工作的，算是有基础的。现在因为疫情的原因，长桥街道虽然有心继续办班，但也只能先搁置了。

上：听说北新泾监狱也曾请您去讲授黄杨木雕课程，这是怎么回事呢？

陈：大概是2015年，有一天我突然接到一个电话，说是北新泾监狱打来的，我听了吓了一跳，我想我平时遵纪守法，监狱怎么会打电话给我。对方说他是北新泾监狱的警察，他们想给监狱里的服刑人员办一个黄杨木雕培训班，想请我去上课。他们之所以要做这件事，主要是想到这些犯人迟早是要回归社会的，如果能让他们掌握一技之长，自食其力，以后就不会再轻易走上犯罪的道路。一开始我有点顾虑：黄杨木雕是要用刀的，给罪犯用刀，让我给他们上课，这我还是有点担心的。他说不用担心，来上课的犯人都是经济犯，而且监狱都对他们做过意识形态的测评，没有问题的。后来我就同意了。我每周去两次，每次从早上八点到下午三点，连续上了三个月。开始上课之前，警察专门开车带着我一起去浙江乐清帮学员买工具。

来上课的一共有10个犯人，都很年轻，听课很认真。我第一堂课主要讲了些理论，在黑板上写写画画，给他们介绍基本知识。第二堂课我先雕了一个小松鼠给他们看，让他们看一个作品是怎么做出来的，然后让他们临摹。没有美术功底的人，教起来还是挺累的，我只能用记号笔在木头上把轮廓帮他们勾出来，再让他们雕。

有一个年轻人，30岁左右，是名校毕业的，还去丹麦留过学。回国以后进了一家上海的外资银行工作，后来因为挪用巨额公款炒股被判了15年。老婆因为他坐牢，就跟他离婚了。小孩已经1岁了，父母帮他带着。这个年轻人真的可惜啊！他很聪明，上我的课很认真，雕的东西也不错。还有个犯人是福建莆田人，在城隍庙开了一家店，专门卖工艺品，自己家里有家传的木雕手艺，会雕刻。他因非法买卖象牙被判了5年。他有木雕基础，所以学得很好。以至于我后来不去上课了，监狱就安排他辅导其他犯人。他也因为各方面表现好，提前刑满释放了，现在还在开店，我们也一直有联系。

这个课总共上了三个月，后来监狱还组织了一次成果汇报活动，把我请去了，很隆重的。学员雕的作品都被一一陈列出来展览，尤其是那个莆田的学员，后来还雕了一些佛像、观音之类的传统木雕，还挺好的。

上：在从事创作和传承的60多年里，您认为海派黄杨木雕有什么技艺特点和难点？

陈：黄杨木雕，顾名思义，就是以黄杨木为材料的雕刻。黄杨木是一种生长缓慢的木材，一百年最多长10厘米。但是黄杨木质地紧密、纹理细腻、色黄温润，具有象牙的光泽，所以我们称之为"木中象牙"。由于天然呈现出乳黄色，所以让人觉得有一种古朴典雅的美，尤其适合做小型木雕，也是收藏者偏爱的上等品。

海派黄杨木雕，就是上海的黄杨木雕，具有中西融合的特点：洋为中用，把西方的素描技法、解剖知识和雕塑技巧跟中国传统雕刻工艺熔为一炉，形成精雕细琢、圆润明快、鲜明生动、风趣幽默、逼真传神的风格，生活气息很浓，具有时代特色和艺术美感。海派黄杨木雕的工艺结构严谨，讲究整体感，要整块木料雕刻，最犯忌的就是拼接工艺。作品特点是，每一件作品四面都可以环视欣赏，因为它是立体雕刻，不是浮雕，而是圆雕。

黄杨木雕的创作，都是把人物形象和内容联系在一起。有了构思以后，才会考虑用什么样的构图和技法去实现。同时，海派黄杨木雕特别强调"生活是创作的源泉"，所以在黄杨木雕的创作中，要把生活中感受最深刻的"情"倾注在造型中的人物身上，使它生动感人，使构图方式达到形式和内容的统一。

学习黄杨木雕最好要有美术基础，要有立体空间思维。它不同于雕塑，雕塑是做"加减法"，而我们主张"减法"，但是刻坏了就没有修改的机会，就报废了，所以在制作前和制作中要有充分的思考。刻之前，也要考虑充分后才下手。所以，现在如果有年轻人来学习，我觉得最好有点美术基础，要有点空间概念，还要能吃得起苦。学习雕刻的人必须吃得起苦，要耐得住寂寞。我这些年在各处普及黄杨木雕技艺，就是希望能够使一代宗师徐宝庆创建的海派黄杨木雕代代传承下去。对此我充满信心，在我有生之年，我愿意发挥自己的余热。◆

人声传承　口技人生

——国家级非遗项目"口技"代表性传承人牛玉亮访谈

采访人：江联营　受访人：牛玉亮

口技是一种特殊的表演技艺，起源于民间，兴盛于宫廷，之后又向民间推广。在曲艺和杂技正式分开以后，口技归属杂技门类。1956年，牛玉亮拜口技大师周志成为师，学习口技，并深得师叔孙泰的真传，在继承传统的同时，不断创新发展，最终形成自己独特的表演风格。牛玉亮在口技运气发声方法上有着独特见解和创新，所倡导与运用的循环运气法和循环发声法是口技发展史上的突破。2011年5月，口技被列入第三批国家级非遗项目名录，次年12月，牛玉亮被认定为国家级非遗项目"口技"的代表性传承人。此后，在文化和旅游部、北京非物质文化遗产保护中心等的支持和努力下，口技表演技艺得到了有效的保护和传承。牛玉亮通过演出经历和舞台实践，研究口技、推广口技、发展口技。他先后出访60多个国家，把中国的口技艺术表演带到世界各地；他还通过收徒传艺、举办口技专场等活动来开展传承活动。

一、筑下梦想

江：我了解到，1938年您出生于北京朝阳区的一个农村。在那个战火纷飞的年代，一个出身普通农家的孩子，注定会有一段苦难的童年。您在童年时是否已经对口技感兴趣了？

牛：小时候，我家里特别苦，特别贫穷。在旧社会，地没一垄，房没一间，没有立锥之地，都是我父母亲去给人打工，挣点钱养家糊口。有的时候挣不到钱，家里没有吃的，我母亲只能拉着我们去讨点饭吃，生活挺苦的。

有一段时间，我被过继给我伯父。我那时上学，天不亮就得出去捡粪，天黑看不见只能拿手摸着捡。大冬天里，天特别冷，我的手冻得起了大疮，裂出大缝子。我妈知道后，和我的一个姑姑去我伯父家又把我给接回来了。回来我哭了，我爸那会儿一看我那个手是皱的，有泥有伤疤，连皴带裂，他也是充满忧愁。童年的生活也没有什么太大的乐趣，那时我唯一开心的事就是模仿一下邻居家的鸡叫。母鸡下蛋的时候会不停地"咯咯哒"地叫，我就跟着学母鸡的叫声，母鸡就会马上停下来。我还能模仿公鸡打鸣，公鸡听见了也会马上跟着打鸣。当时觉得我能让叫唤的母鸡停止叫唤，让休息的公鸡马上打鸣，特别好玩。慢慢地，我就喜欢模仿一些动物如小猫小狗的声音，这也是最开始我喜欢上口技的原因。

那时候，并没有意识到自己的模仿就是口技，也还没有想过要以此为生，我作为家里的长子，心里就想早点工作，帮助家庭减轻负担。后来，我15岁就远离家乡，拜师求艺，决心要闯出自己的一片天空，要撑起这个困苦的家庭。

江：您当时那么小就离家拜师学艺，最初学艺是为了生存养家，那您是不是主要想学一门手艺，或者就简单地说，那时就想学一门赚钱的技术？

牛：当时我就想找个工作。15岁年龄太小，没人要，外祖母就托亲戚在武汉一个小的民间杂技团里面给我找了一个师父。我母亲带着我买了一张火车票，拿一个兜子，买了两斤栗子，里头搁俩萝卜……那会儿火车从北平到汉口得两天两夜，特别慢，人也特别多。我上了火车

作者简介： 江联营，国家级非遗项目"口技"省级代表性传承人，黑龙江省杂技团演员。
　　　　　牛玉亮，国家级非遗项目"口技"国家级代表性传承人，北京自然之声文化发展有限公司董事长。

以后，座都没有，只能在厕所里头的一个大汽油桶里待着，就这样到了武汉。

我拜的第一个师父是刘万春先生，我一开始是跟随刘老先生学习杂技的。学徒没有工钱，当时拜师立字据，大红纸写着：今有牛玉亮拜刘万春膝下为学徒，学徒期间死走逃亡与师无关，介绍人也是杂技界的老前辈董震魁、姚新亭，都按了手印。完了，给老师跪下，念这个字据，给老师磕头行拜师礼。三年零一节，孝师一年，都写得清楚着呢。学完这三年一个节，算你出师，完了再得孝师一年，挣的钱什么的都给老师，自己什么都没有。一个月头发长长了，就给点够理发的小零花钱。

江：您最早是学杂技的，那后来，您是怎么接触到口技并又拜师学艺的呢？

牛：我本来就喜欢模仿一些声音，后来在1956年，我到上海看了口技大师孙泰、周志成精彩的口技演出，我回忆起了童年时代那种模仿的乐趣。我当时就想，世界上竟然还有口技这个节目？口技表演给我触动很大，当时我也非常激动。我的杂技老师知道我喜欢这个后，理解和同情我，支持了我的想法，亲自带我去拜访周志成。周志成是我国著名的口技大师，也是我的启蒙恩师。他师承于清末民间口技表演艺术家尹士林，技艺极为精湛。周先生让我试了试嗓音，一下就觉得我是个可造之才，当场决定收我为徒。我也荣幸地拜周志成为师，并深得孙泰师叔的真传，两位老师的培养让我实现了童年梦想，这是我一生中的大幸事。

"师父引进门，修行在个人。"靠自己钻研，靠自己学习，靠自己练，光靠师父那是不行的。还有一句"冬练三九，夏练三伏"。不管多冷多热，练习都不懈怠。那时候我为了练基本功，经常找个没人的地方喊嗓子，不管刮风下雨下雪，都得去。练口技讲究迎风喊嗓子，站在雪地里喊嗓子；还有练嘴皮子，比如嘟噜声、小舌音怎么用，怎么练。这些都需要付出艰辛。

二、苦练博采

江：您在师父周志成和师叔孙泰的培养下，传承了口技。应该说，口技在民间还是有一些传播的，在您从艺的这么多年的过程中，您是如何丰富和提高自己的技艺的呢？

牛：我从事口技事业60多年了。当年在周志成和孙泰的培养教育下，我在口技艺术上不断进步。我学习口技时，周志成给我说了语重心长的话，一是教育我要想当一名口技演员，对口技事业要热爱，要有强烈的事业心；二是在老师的教授下，要自己下苦功夫练，要有创新，要继承好、发展好，否则口技不会有两千多年的历史，也不会再继承和发展下去，这对于口技演员来说是最重要的，也是历史赋予我们的职责。我一直记着周志成和孙泰，他们为口技事业勤奋好学，把我国的口技事业推向第二个高潮，在国内外获得了很高的荣誉，我一直把两位前辈当作我学习的榜样。

口技演员应该知识渊博，尊重其他民间口技艺人，向他们学习长处。1958年，我在武汉市民众乐园拜访了天津市曲艺团口技演员沈钧老先生。1962年，我在北京迎秋书茶社拜访了北京曲艺团汤金城老先生（艺名汤瞎子）。1964年，我观摩了四川相书（隔壁戏）并访问了民间口技演员高瘸子、人人笑。这些都是口技表演的同行，他们都对周志成和孙泰非常尊重，佩服二老的口技艺术表演。他们知道我的师承关系后，也会和我交流一些口技表演中的不同看法和独特方式。这种方式的交流对自己的学习也大有裨益。

当一名口技演员，不但要有强烈的事业心，而且要具备良好的先天条件，如嗓子好、会表演，更要下功夫练。那时，为了练好基本功，我常常早上天还没亮就起床吊嗓子，有时练得过火了，嗓子会疼得像灌辣椒水一样难受；为了练习齿音，练得口腔溃疡，嘴疼得吃东西都困难。经过反复努力练习，我终于能逼真地练出口技表演所需要的声音，是非常欣慰的事情。1976年唐山大地震时，天气酷热，每天为灾民演出四五场，嗓子依然能运用自如。基本功的训练历来要求从难从严，师父又让我练"蜡头功"。所谓"蜡头功"，就是将蜡头点燃放在离嘴二寸远处，对着镜子练鸟叫，不能使蜡火晃动，练功时必须严格控制用气，模仿鸟叫蝉鸣才能自如，也不会使话筒传出杂音影响声音的效果。

江：您从艺这么多年，演出实践丰富，在口技演出的经历中有什么难忘的事吗？

牛：1972年，我去首钢劳动，当时领导叫我表演炼钢生活，我就模仿上料声、吹氧声、出钢声、汽笛声等，很受工人们欢迎。但是，我为农民和部队模仿炼钢的声音时，却连一个鼓掌的人也没有，观众脸上一点反应也没有。我总结其中的原因：是因为我学的声音没有普遍性，大多数人不熟悉，对象不同，效果也不同，这就是局限性。不像鸟叫及各种动物的叫声，带有普遍性而受到欢迎。

1982年春节，我有幸在西哈努克亲王寓所为他全家演出。在演出中，我发现西哈努克夫人抱来两只她最喜爱的小狗，小狗卧在桌下。当我模仿二狗相争时，桌下两只小狗也互相激烈争斗起来，轰动全场。西哈努克亲王哈哈大笑，高兴而热情地和我握手，祝贺我们演出成功，同时我们也受到文化部、外交部及在座的宾客们的称赞。这些灵活的即兴表演，效果非常好。说到这里，我还想起我的师父周志成在法国巴黎学狗声逗起全城的狗吠，轰动了巴黎，传为佳话；师叔孙泰在罗马尼亚学云雀叫，引来了一群云雀争鸣，轰动全城，成为美谈。这些至今还在鼓舞着我们！愿我国口技艺术今后有更多的美谈佳话。

三、传承发展

江：您一直在为口技的传承与发展而努力。为了传承口技，招收了弟子，开设了传习所，还举办了专场演出，不知效果怎么样？

牛：口技的传承，是我师父临终前的嘱托。我先后举办过三次收徒仪式，目前共有徒弟21名。在人才培养方面，我始终坚持"以德为先、德才兼备"的育人目标。我收徒不收学费，多数徒弟都是苦孩子。我童年受过苦，我理解他们，我把这些孩子扶持起来，教他们口技。现在，我的徒弟们有了饭碗，有演出的机会，还有出国的机会，他们成功了，这也是我最大的欣慰。我为国家、为非遗传承做了应该做的工作。这些徒弟中，有的已经成为传承口技的重要骨干力量，有多个徒弟经常随文化部门出国演出，有的经常登上央视的舞台为全国人民展示口技艺术。

我还将人才培养与日常教育相结合，坚持"从娃娃抓起"，先后举办"非遗进校园"公益讲座80余场，上万名中小学师生现场聆听，为口技传承培养了源源不断的后备大军。我先后带领徒弟们在北京天桥举办过两场大型口技专场演出。2016年，由我主演的"北京人家——

口技人生"专场舞台剧，以我的人生经历为主线，融合音乐、舞蹈等多种元素，将口技的表演推向一个新的阶段。

江：口技是一门声音的艺术，作为目前称得上是泰斗级的大师，您在口技的传承与创新中作了很多努力。我们发现，在您之前，关于口技的资料特别少，听说您特地制作了教学光盘，还撰写了口技的理论专著。

牛：我经过几十年的潜心研究，在继承传统的基础上不断改革创新，使口技的运气发声从千百年一成不变的单呼吸发音发展为循环运气法和循环发声法，开发出了新的气源和新的声域。用单音、双音、颤音、圆音、哑音、组合音等，适时选择剎音、剎头音、剎尾音、拖音等，基本构成了口技模仿所需的声音和音阶，能够使口技准确模仿各种声音，声响把握自由，表演生动，使口技的发声更加科学化、规范化。

在口技的发展历史上，没有专门的教材和书籍，我把口技的发声技巧、表演方法、历史故事、发展历程等内容综合到一起，编写了口技专著《中国口技》一书，经过努力，《中国口技》（之二）也已出版了。我把口技的经典作品录制成光盘，为口技这门艺术留下文字资料和音像资料。

江：在从事口技表演和传承当中，口技艺术非常有特点，这门艺术有着非常大的魅力。在您看来，口技表演如何才能真正地打动观众呢？

口技艺术是口技技巧和表演艺术的巧妙结合，是"声"和"情"并茂的表演。首先是以扎实的口技技巧基本功模仿的各种声音，达到以假乱真、出神入化的境界，"声"是第一位的。其次是以"声"传"情"，但有的项目是以"情"为主的，如打蚊子、捕蝉。"情"是运用丰富的生活知识来表演生活，因此，口技表演者必须努力观察生活、热爱生活、体验生活。生活是艺术的源泉，没有生活的艺术是荒诞的"艺术"，是无源之水、无本之木。有了丰富的生活知识和实践，才能科学地、自由地把握生活。创作真实的声音和技巧，用完美的表演艺术将两者巧妙地融合在一起，情真意切地在舞台上将体验真实生活产生的悟性和灵感表演出来，使观众和演员的情感融合在一起而产生共鸣，将观众带入你表演的美妙境界，使观众得到美的艺术享受，这样才能真正地打动观众。

以师带徒　薪火相传

——国家级古籍修复技艺传习中心复旦大学传习所人才培养模式谈

杨光辉　喻　融　李　雪

摘　要："装裱（古籍）修复技艺"与"木版水印技艺"2008 年列入国家级非遗项目名录。国家级古籍修复技艺传习中心复旦大学传习所 2015 年成立，目前已聘请行业著名专家 7 名作为传习所导师；已招收学员 11 名，开设十项学习技艺和技能。2020 年，复旦大学传习所与国家古籍保护中心合作，成功举办全国首批学员出师仪式，为传习所的人才培养提供了复旦模式。

关键词：古籍书画；修复技艺；传习所；非遗人才培养；复旦模式

中国古籍书画源远流长，装潢历史传承有序，南朝宋时即能装背、修复、保护与补治。修复技艺传承多以师带徒，薪火相传，使古籍字画得以续命。1949 年后，书画修复装裱人才日益缺乏。20 世纪 60 年代初，国家图书馆、故宫博物院、上海图书馆、上海博物馆等举办古籍、书画修复培训班，聘请著名修复专家传授古籍书画修复技艺。80 年代，重新开设培训班，培养古籍书画装裱人才。2007 年，国家启动"中华古籍保护计划"。"装裱（古籍）修复技艺"与"木版水印技艺"2008 年列入国家级非遗项目名录，古籍书画修复装裱技艺成为人类共同文化遗产。国家古籍保护中心于 2013 年在中国国家图书馆成立国家级古籍修复技艺传习中心。2015 年，国家古籍保护中心在全国增设传习所。截至 2020 年，全国已设有 32 家传习所，聘用 28 名行业专家为导师。

2015 年 5 月，复旦大学图书馆 / 中华古籍保护研究院设立复旦大学传习所这一国家级修复技艺传习中心，同年 9 月，首批古籍修复与保护方向专业硕士入学；2018 年 11 月，复旦大学成立文物保护创新研究院；在"上海文教三年（2019—2021）行动计划"的支持下，2020

年 9 月，复旦大学文物保护创新研究院招收首批书画修复保护专业硕士。这些年来，复旦大学纸质文物（古籍、书画）修复保护人才的培养模式成形了。

一、传习所师资与学员概述

自 2015 年复旦大学传习所成立以来，六年里聘请了古籍修复、碑刻传拓、书画装潢、木版水印、鸟虫篆刻、版本鉴定等多专业领域的专家，采取以师带徒形式，进行古籍修复等非遗代表性传承保护与人才培养。同时，在图书馆搭建的学科平台上，通过与高分子材料系、文物与博物馆学系、出土文献与古文字研究中心、古籍整理研究所、历史地理研究所、生命科学院、化学系、物理系等相关院系专家们的合作，共同培养既有人文学识与科学素养，又有传统修复保护技艺和审美眼光的高素质复合型人才。

传习所现有赵嘉福（古籍修复 / 碑刻传拓）、童芷珍（古籍修复）、黄正仪（古籍修复）、沈亚洲（书画修复）、沈维祝（书画装裱）、倪建明（木版水印）、徐谷甫（鸟虫篆刻）7 名专家担任专业导师，目前已构成古籍拓片修复、书画修复装裱、木版水印创作、鸟虫篆刻技艺四

作者简介：杨光辉，复旦大学图书馆副馆长，复旦大学图书馆 / 中华古籍保护研究院常务副院长，研究馆员。
　　　　　喻融，复旦大学图书馆 / 中华古籍保护研究院 / 文物保护创新研究院馆员。
　　　　　李雪，上海博物馆助理馆员。

支导师团队，向学员传授技艺。

1. 古籍拓片修复

（1）导师赵嘉福及其学员

赵嘉福（1944— ），复旦大学图书馆／中华古籍保护研究院特聘专家，原上海图书馆资深古籍修复师，中国古籍保护协会专家委员会委员，上海市碑刻传拓及拓片装裱技艺非遗传人，复旦大学传习所导师，曾任上海图书馆古文献保护研究所副所长。

赵嘉福于1961年进上海图书馆，师从黄怀觉、曹有福、张士达三大石刻修复国手，得到图书馆学家、古籍版本学家顾廷龙、潘景郑、瞿凤起等的悉心培养，60年来从事古籍修复、碑刻传拓、碑帖书画修复装裱等工作，为当今国内全面掌握古籍修复、碑刻传拓、碑帖装裱等技艺的大师级人物。其代表修复作品有《重修龙华寺碑记》（赵朴初书）、豫园"江南名园"、西郊宾馆"逸心亭"、浦东"世纪大道"等。

传习所学员有喻融、叶倩如（复旦大学图书馆古籍部青年员工，2015年拜师，2020年出师）、王美玉（中华古籍保护研究院2017届毕业生，同年拜师，现为复旦大学图书馆古籍部员工）、孔杰旦（中华古籍保护研究院2019届毕业生，现为复旦大学档案馆员工）。赵嘉福还担任辽宁、重庆两地传习所导师，参加一系列国家古籍保护中心举办的全国范围的培训班。由于为古籍保护人才培养作出卓越贡献，他被中国图书馆学会评为2014年度"图书馆榜样人物"。

（2）导师童芷珍及其学员

童芷珍（1950— ），复旦大学图书馆／中华古籍保护研究院特聘专家，原上海图书馆古籍修复部主任、资深古籍修复师，复旦大学传习所导师，国家职业技能（文献修复师）鉴定考评员。1972年进入上海图书馆工作，迄今从事古籍修复工作50年。

童芷珍教学经验丰富，曾在文化部、上海市文化局举办的古籍修复培训班任教，也曾应港澳台地区邀请，讲授古文献修复课程。代表修复作品有宋刻本《左传》、清康有为手稿《大同书》，著有《古文献的形制和装修技法》《古籍修复技术》等。

传习所学员有沈喆韡（复旦大学图书馆青年员工，2015年拜师，2020年出师）、李燕

（中华古籍保护研究院2018年毕业生，同年拜师，现为复旦大学图书馆青年员工）。

（3）导师黄正仪

黄正仪（1955— ），复旦大学图书馆资深古籍修复师。师从修复名家钱蟾影、应颐康。早年在贵州图书馆古籍部从事古籍修复工作。1992年进入复旦大学图书馆古籍部从事修复工作，2010年退休后返聘至今。复旦大学传习所导师，上海古籍保护中心古籍修复技能竞赛评委，国家古籍保护中心第七期全国古籍修复技术培训班指导老师。修复代表作有《白榆集》（明万历刻本）、《皇明大事记》（明崇祯刻本）、《淡轩先生诗集》（明末刻本）、《中山诗文集》（清康熙刻本）、《凌烟阁功臣图》（清康熙刻本）、《平胡调选》（清抄本）、《篆楷考异》（清嘉庆刻套印本）等。发表论文有《一书变五——〈屠先生评释《谋野集》〉之拆书及修复经过》《古籍修复艺术与装帧形式初谈》《糟朽、焦脆古籍的修复——以〈正教真诠〉修复为例》等。

2. 书画修复装裱

（1）导师沈亚洲及其学员

沈亚洲（1950— ），复旦大学历史系毕业，上海博物馆副研究员，中国文物协会会员。曾任上海博物馆文物复制研究所副所长，1993年受聘为香港天坛大佛工程艺术指导。复旦大学古籍保护研究员特聘研究员，复旦大学传习所导师。1972年进入上海博物馆，师从方增先，上海市非遗项目"摹拓技艺"代表性传承人。为上海博物馆临摹大量中国古代字画，参与多项国家重大字画修复工程。著有《中国古代书画的复制》《中国画的临摹技法》等。曾在中国教育电视台主讲中国画、人物及中国古代书画的复制两门课程。

传习所学员有徐强（复旦大学文物保护创新研究院青年员工，2020年拜师）、李燕。

（2）导师沈维祝及其学员

沈维祝（1951— ），上海博物馆研究员，复旦大学中华古籍保护研究院／文物保护创新研究院特聘研究员，复旦大学传习所导师，中国文物保护技术协会会员，上海交通大学海派文化研究所研究员。上海市非遗项目"古书画装裱修复技艺"代表性传承人。

传习所学员有徐强（复旦大学文物保护创

新研究院青年员工，2020年拜师）。

3. 木版水印创作

导师倪建明（1944— ），毕业于中央美术学院版画系。复旦大学图书馆/中华古籍保护研究院特聘专家，国家二级美术师、中国美术家协会会员、中国版画家协会会员、复旦大学传习所导师、中国黄山版画研究中心秘书、芜湖市美术家协会名誉主席、芜湖书画院职业画家。2004年被文化部派往法国、西班牙等地交流，从事中国现代水印版画和藏书票的创作研究，其版画、藏书票融入中国传统绘画艺术的水墨元素，结合徽派墨模的雕刻技法，创造木凹版水印技法，1999年获"鲁迅版画奖"。藏书票曾分别荣获第六、九、十届全国藏书票展的银奖、优秀奖、铜奖。编有《2018复旦木版水印版画艺术展作品集》等。

传习所学员有汪晟（复旦大学图书馆/中华古籍保护研究院青年员工，2019年拜师）、阮逸凡（2020年拜师）。

4. 鸟虫篆刻技艺

导师徐谷甫（1949— ），著名篆刻书画家、古文字专家、西泠印社与中国书协会员、复旦中华古籍保护研究院特聘研究员、复旦书院特聘导师、复旦大学王蘧常研究会书学委员会委员、复旦大学传习所导师。上海市杨浦区非遗项目"鸟虫篆刻技艺"代表性传承人。著有《鸟虫篆大鉴》《鸟虫篆全书》《徐谷甫刻心经》《徐谷甫刻朱柏庐治家格言》《徐谷甫书画篆刻集》《印章收藏投资手册》《款识津梁·印章边款字典》《徐谷甫陶刻艺术》《谷甫印选——徐谷甫篆刻艺术》。合著有《两周金文选》《商甲骨文选》《古陶字汇》《秦汉金文选》。

传习所学员有谭国恩（复旦大学二附校青年美术教师）。

二、传习所"师带徒"培养技艺与技能

截至2020年，传习所已招收学员11名，分别是喻融、沈喆轊、叶倩如（以上已出师），王美玉、杨雪珂、李燕、汪晟、孔杰旦、徐强、阮逸凡、谭国恩。传习所师生肩负继承非遗历史使命，竭力传授和学习古籍修复、碑刻传拓、书画修复与装裱、木版水印、鸟虫篆刻等传统古籍书画篆刻修复保护技艺与技能，需要学习的十项主要技艺如下。

1. 古籍修复、装帧基础技艺

一是掌握古籍修复基本工具使用，线装、硬面软面包背装、蝴蝶装以及金镶玉等典型装帧形式的制作流程。

二是掌握古籍破损基础修复技能：连口、补破、配纸、托裱、染色、揭开粘连书页等多项常用技法。

三是修复项目实践能力：学习并独立完成一件复杂修复项目的工作思路、工作流程、修复策略制定以及修复报告撰写。

古籍基本装帧基础技艺（初级）：熟练掌握四眼/六眼线装、蝴蝶装、软面包背装的制作，熟练掌握环筒、单折边、四折边的封面制作，熟练掌握包角的制作；独立完成六眼包角线装、蝴蝶装、软面包背装各一册；完成的书籍四周方正、平整，栏线齐整，裁切处无明显痕迹，包角尺寸适宜，服帖。

古籍基本装帧基础技艺（高级）：熟练掌握硬面包背装、金镶玉装、经折装中两种装帧的制作。独立完成硬面包背装、金镶玉装或经折装中两种装帧的制作；完成的书籍四周方正、平整，栏线齐整，经折装折口误差不超过1—2毫米；硬面包背及锦面封面服帖，花纹不走形。

古籍修复基础技艺（初级）：熟练掌握揭书叶、溜口、补破的修复技艺，可以独自完成待修复古籍的配纸及四级及以下破损古籍的修复；独立完成一册四级破损古籍的修复。

古籍修复基础技艺（高级）：熟练掌握揭书叶、溜口、补破、托补等修复技艺，可以独自完成二级及以下破损古籍的修复；独立完成一册三级或以上破损程度古籍的修复，并撰写修复档案。

2. 尺牍/字画装裱基础技艺

尺牍/字画装裱基础：掌握四尺以上纸张、绢绫等材质的托裱技术，独立完成并基本掌握对联、立轴、二色式立轴等制作流程和技艺。

尺牍、字画装裱技艺（初级）：熟练掌握绢、绫料的小托，熟练掌握镜片、单色立轴或挖镶、拼条尺牍的制作。独立完成一张镜片及一根单色立轴或一册尺牍，完成的作品不掉色、不空壳、平整、尺寸适宜。

尺牍、字画装裱技艺（中级）：熟练掌握双色、三色立轴或对联的制作，独立完成一件双色或三色立轴或一组对联，完成的作品不掉色、不空壳、平整、尺寸适宜。

尺牍、字画装裱技艺（高级）：熟练掌握手卷的制作，独立完成一件手卷，完成的作品不掉色、配色适宜、尺寸适宜。

3. 传拓、石刻技艺

一是传拓技艺：熟练掌握拓包的制作，选择合适的传拓用纸，熟练掌握乌金拓、朱拓，独立完成一张乌金拓，拓片墨色均匀，字口清晰。

二是石刻技艺：了解石刻方法，完成一件小幅刻字作品，保持字形不变形、无爆边，走边干净、自然光滑、铲底干净。

4. 拓片装帧、修复技术

掌握墨拓、朱拓的小托技术；独立制作镜片式、立轴式、横批、蝴蝶折、各式形式的册页（五镶式册页、挖镶式册页、经折式册页、双面翻册页）。

针对拓片、拓本的破损情况，制定修复方案；学习并实践碑帖拓片、册页类拓本的修复技艺，解决虫蛀、霉变、絮化、破损等问题。

5. 装具的制作与修复技艺

根据保护对象，独立完成函套以及锦盒制作，独立完成破损函套的修复。

装具的制作技艺：熟练掌握四合套、六合套的制作；独立完成一个有传统图案的六合套，函套大小适宜，平整，不紧不松，包面不空浆，花纹服帖不走形。

装具的修复技艺：熟练掌握传统四合套、六合套的修复，独立完成一个函套的修复；修复后的函套不空壳、平整、配色适宜。

6. 档案修复技艺

记录破损状况与鉴别破损等级：熟悉中国档案史、档案分类以及档案用纸等基础知识，具有鉴别档案破损等级以及订立破损档案修裱方案的能力；完成破损档案调查以及订立档案修复预案的报告；提交定级合理的破损调查报告及修复方案。

档案修裱技艺：掌握破损档案的基本检测、去污除尘以及粘胶剂配制等基本技能，合理运用去污除尘技术，完成破损档案的修裱工作，撰写规范的修复报告。

7. 书画摹拓技艺

掌握不同时期书画作品的特点、风格、流派，独立进行临摹。

摹拓初级：双勾廓填书法技艺的学习与掌握，包括边勾边填、直接摹写；要求摹拓完成一件古代名家书法作品。

摹拓中级：传统工笔画技艺的学习与掌握，包括工笔人物画、花鸟画；学习认识各种中国书画的工具材料，如各种纸、绢，各种毛笔，各种矿物质颜料与植物颜料、化学颜料；学习认识这些工具材料的使用方法；要求摹拓完成一件古代名家工笔画（人物或花鸟画）。

摹拓高级：传统中国山水画的技艺的学习；各种山水画流派的特点与技艺的认识；各种山水画流派技艺摹仿；要求摹拓完成一件传统名家山水画。

8. 书画装裱修复技艺

书画装裱修复技艺（1）：对书画装裱修复有系统了解，包括基本步骤、工具、材料、修复的理念、修复师个人素养等；工具的制作加工及练习，包括糨糊的制作、刀工、排笔功、棕刷功。要求：独立完成工具、糨糊的制作和加工，托纸50张以上，裁顶条10版以上；托纸无褶皱，无空壳；顶条要裁均匀，无大小头。

书画装裱修复技艺（2）：宣纸染色；画芯的三种托法（湿托、飞托、覆托）；绫绢的托染；镜片的制作；立轴的制作（一色装、两色装）。要求：独立完成2张以上镜片、立轴制作（一色装、两色装）；完成的作品不掉色、不空壳，配色、尺寸适宜；做到绵、软、平、挺。

书画装裱修复技艺（3）：立轴的制作（三色装、宣和装、对联等形制）。要求：独立完成3张以上立轴制作（三色装、宣和装），完成的作品不掉色、不空壳，配色、尺寸适宜，做到绵、软、平、挺。

书画装裱修复技艺（4）：手卷、册页（推蓬装、蝴蝶装）制作。要求：独立完成手卷和册页制作，完成的作品不掉色、不空壳，配色、尺寸适宜；手卷做到绵、软、平、挺、齐，册页做到平、挺、齐。

书画装裱修复技艺（5）：旧画的修复。要求：独立完成一张旧画修复及装裱；作品不能有二次损伤，画面干净整洁，画意完整。

9. 版画创作刻印

掌握不同时期版画作品的特点、风格、流派，独立进行创作刻印。

木版水印技法：掌握白描、雕版和印刷技艺，完成整套木版水印的制作和印刷，同时具有雕版和印刷作品。根据已有题材复制刻板，要求使用基本的雕版技法，印刷成品线条清晰流畅，具有一定的观赏性。

传统手工造纸：掌握传统纸张原材料及其特性，能够通过肉眼观察和手感触摸分辨出纸张的材质；了解传统纸张的加工制造工艺过程；制作任意一种或几种传统手工纸张。纸张厚度均匀，具备书写、绘画等部分或全部纸张的功能性。

10. 虫鸟纹篆刻技艺

掌握虫鸟纹篆历史发展及特点风格，独立进行创作、刻印与传拓。

鸟虫篆书法写作：掌握鸟虫篆书法的书写；和篆字进行比较，得出鸟虫篆专门的构思及创意；分别不同地域的鸟虫篆；通过秦汉时期印章体会鸟虫篆的艺术特点；从"永字八法"学习鸟虫篆书法。用鸟虫篆写出自己的名字；写出繁简鸟虫篆文字若干组。

边款、印谱的制作：学习创作、篆刻印章边款，掌握印章边款拓印，印谱、印章扇面等作品的制作方法。边款拓印作品不洇墨，字迹清晰，钤印作品清晰完整，装帧符合制度，美观大方。排布合理，字体优美。作品精良、种类多样。

印章篆刻：掌握文字的"印化"处理方法，能够合理准确排字。在把握章法基础上，学习篆刻刀法，进行鸟虫篆的篆刻练习。印章的文字印化和章法排布合理美观，文字清晰。印章作品走线流畅，铲底干净，富有韵味。

2019年北京国家典籍博物馆举办的"中华传统文化典籍保护传承大展"中展出了复旦大学传习所赵嘉福和弟子的修复传拓作品。2020年9月，传习所学员沈喆韡、叶倩如、喻融三位学员，经过与国家古籍保护中心密切合作，制定"出徒"相关规章制度及仪式，并顺利"出徒"结业。她们合作的修复作品《历代钟鼎彝器款识》，在2020年全国古籍修复技艺竞赛中获得二等奖。

复旦大学中华古籍保护研究院设立"传习所"培养年轻学员的同时，与图书情报专业硕士研究生培养相结合，一方面，为年轻修复师提供专业指导老师，通过师带徒形式，学习传承传统修复技艺；另一方面，为青年学子提供学习科学和人文专业知识的机会。老中青三代修复师密切配合，教学相长，共同为古籍书画修复保护、碑刻传拓、木版水印及鸟虫篆刻等非遗项目注入新鲜而强大的活力。◈

（上接第 60 页）

间接的教育研究成果。第五，继续发挥基地辐射带动作用。基地将继续与上海大学基础教育集团、玉林师范学院、河南农业大学、杜甫书院等机构合作，并在市内外中小学创建更多的实践基地，提升实践活动品质，擦亮金字招牌，服务基础教育和社会大众，提升公信力和社会声誉。第六，推出更为丰富的展示交流形式，扩大基地的国内外影响。计划与"奉贤诗歌节"和上海大学图书馆"读者活动月"等活动平台合作，通过网络邀请的方式征集节目和文稿，举办第四届诗词吟诵大会和第二届诗词创作大会，同时开展国际化的交流与合作，使之成为上海大学校园文化的新名片。

在以上措施的执行过程中，基地领导和骨干成员积极跟踪反馈，周期性地召开工作例会，根据实际情况不断调整，为未来中华优秀传统文化传承基地的建设谋划了发展路径。

四、结语

上海大学中华古诗文吟诵和创作基地的建设工作经过精心周密的计划安排和科学规范的组织实施，整体建设情况良好，并形成了四大优势特色。基地针对有待突破和改进的地方，认真分析原因，谋划改进措施，对未来规划提出了相应的意见和建议，并在教育部中期自评中达到了"优秀"标准，获得了教育部、市教委和校领导的一致好评。"路漫漫其修远兮，吾将上下而求索"，我们将在自身的努力下，不负韶华，砥砺前行，为中华古诗文吟诵和创作的传承作出更多贡献，为全国各兄弟院校和文化部门提供经验借鉴，共同将中华优秀传统文化发扬光大。◈

论中华优秀传统文化传承基地的发展范式及其问题

——以上海大学中华古诗文吟诵和创作基地建设为例

刘慧宽

摘　要： 建设中华优秀传统文化传承基地，做好中华经典的当代传承，也是服务国家政策的重要措施。上海大学中华古诗文吟诵和创作基地积极贯彻国家与地方的相关政策，配合顶层设计，规范管理模式，形成了以课程建设、工作坊建设、社团建设、辐射带动、展示交流和海外传播为核心的工作内容，以学术与推广并举、线下与线上课程全覆盖、培训与赛事互相促进、校园与社会服务互相交织为特色的四大优势。基地针对课程体系、社团运营和服务范围等方面存在的问题，分析原因并提出解决措施，为未来中华优秀传统文化传承基地的建设谋划发展路径。

关键词： 古诗文；吟诵；创作；上海大学；传承基地

党的十八大以来，习近平总书记发表了许多关于中华优秀传统文化的重要论述，特别是对古典诗词和散文，不仅在各类场合的讲话中广泛征引，而且大力提倡全民阅读和学习。"十三五"和"十四五"期间，如何传承和发展传统文化，已经成为中国文化建设的一项重要课题。上海大学作为"双一流"建设高校，其中文系特别是中国古代文学长期致力于中华经典的教育和研究，学校拥有诗礼文化研究院、中华诗词创作研究院等研究机构，在中华古诗文经典的教育、研究和传播方面具有丰富的实践经验和深厚的学术积淀。上海大学中华古诗文吟诵和创作基地 2018 年 11 月入选首批教育部中华优秀传统文化传承基地，并且连续三年获得上海市教委"文教结合"项目资助，近期还积极参与"中华经典诵读工程"。三年来，基地经过不断探索与发展，具有丰富的工作经验和创新的管理模式，形成了优势明显、成效突出的文化品牌。本文总结基地建设中的经验和成果，分析建设过程中存在的问题及其原因，提出相应的改进措施和意见建议，以期对广大教育界同仁和中华优秀传统文化的传承建设有所裨益。

一、工作模式与内容的规范化

在国家各项政策方针的指导下，以及教育部、上海市教委、上海市语委和上海大学的制度与经费支持下，上海大学中华古诗文吟诵和创作基地的工作得以顺利开展。基地领导和骨干成员充分结合自身的特点与优势，形成了科学、规范的管理模式，并对工作内容进行了规划设计。

1. 工作模式

入选首批教育部中华优秀传统文化传承基地后，2018 年年底，上海大学立即召开工作会议，成立领导小组和领导班子，并在工作中不断探索、反复实验，形成了一套科学、高效的管理模式，保障了基地的规范运行和各项工作的有序开展。

首先，基地制定了系统全面、结构完善、内容具体的规章制度。基地自成立之初就发布了《上海大学关于成立"中华古诗文吟诵和创作基地"建设工作领导小组的通知》《上海大学关于组建"中华古诗文吟诵和创作基地"领导

作者简介： 刘慧宽，上海大学中华诗词创作研究院特邀研究员，上海大学教育部中华优秀传统文化（中华古诗文吟诵和创作）基地办公室主任。

非遗进校园
Intangible Cultural Heritage on Campus
非遗传承研究
2021（3）

班子的通知》，建立了坚强有力、人员结构完善的领导班子，负责调动和协调校内资源，全力支持基地发展。在此基础上，基地制订了《上海大学中华古诗文吟诵和创作基地管理办法》，对组织机构、工作职能、经费管理、信心管理等事项做了清晰的规定。

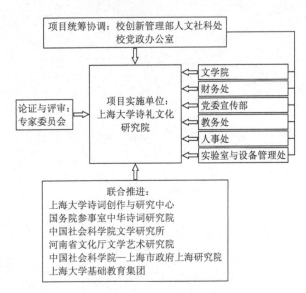

图 1 上海大学中华古诗文吟诵和创作基地管理结构图

其次，基地构建了一套严密、有序、高效的办公制度。第一是例会工作制度。基地平均1—2个月召集主要成员举行工作例会，就一段时间内基地建设中取得的成果、遇到的问题进行讨论，提出解决方案，并形成会议纪要。第二是每月工作统计制度。基地每月对工作内容和工作成效进行总结、统计，并将制订完成的成效表上报至市教委。第三是年度总结与计划。每年年底或年初，基地召开全体成员会议，对该年度的工作进行总结报告，并制订下一年度的工作计划。第四是独立的财务核算制度。基地严格按照当年预算进行开支，并根据成员的工作绩效和贡献度分配酬劳，严格执行按劳分配、多劳多得的原则，对表现出色的成员予以奖励。第五是档案管理制度。基地安排专门人员对基地制定的或与基地相关的规章制度、行政公文等进行存档，对每次活动进行认真记录和详细报道，并按照时间和类别进行编排，以便对基地建设工作进行核查与验收。

最后，基地拥有分工明确、协同互助的办公机构和骨干成员。基地设办公室、教研室、

外联部和诗词社等主要机构，并有专门的负责领导和干事成员。办公室主要负责基地的日常事务、财务管理和文档编排。教研室负责组织教育和科学研究，特别是举办工作坊、学术会议等学术活动。外联部负责基地对外交流和节目策划等工作内容，同时负责联络校外专家、新闻媒体和商业赞助。诗词社则负责组织爱好诗词的学生进行吟诵和创作，并在基地活动中充分发挥辐射带动和展示交流等作用。以上机构和成员不仅维持了基地工作的正常运转，也为基地工作的不断创新提供了前提和基础。

2. 工作内容

根据教育部办公厅《关于公布第一批全国普通高校中华优秀传统文化传承基地名单的通知》（教体艺厅函〔2018〕85号），经过基地领导小组讨论和研究，确定了课程建设、社团建设、工作坊建设、科学研究、辐射带动、展示交流、海外传播七大方面的核心工作。

第一，课程建设。基地共开设四类诵写讲课程，成果突出，优势明显。吟诵类课程有"吟诵——对中国式读书法的研讨""中华古典诗词吟诵""古诗文吟诵"。写作类课程有"诗词创意写作""古典诗词写作"。鉴赏类课程有《诗经》精读""诗词经典解读""唐代诗歌鉴赏"。研究类课程有《诗经》与传统文化""李白诗歌研究"。其中"中华古典诗词吟诵"为线上课程，并与线下课程同步进行，具有良好的互动效果。

第二，社团建设。全面发展、重点培养。首先，做大做强锵鸣吟诵社和溯园诗词社。拟定两个社团的固定成员达到100人，打造2个自媒体平台，打造1本刊物。组织管理上，由文学院直接管辖、诗社自主运行转变为由基地"中华古诗词创作工作坊"直接管辖、老师指导、诗社自主运行、社会名流加入、社会资本投资五方合力的运作模式。组织社团成员参加"中华诗词大会"等全国性赛事。

第三，工作坊建设。全力打造"中华古诗词吟诵和创作工作坊"，开办诗词吟诵、创作培训班，开展一系列面向市民的诗歌活动，培养一批人才（致力于唐调等吟诵调的传播、推广），办好一本刊物（《青少代诗词》），承办"诗词名家讲堂"，通过网上课堂如"网易公开课""喜马拉雅在线收听"等网络平台扩大传播。

第四，科学研究。基地成员在国内学术期刊和会议上发表有分量的研究成果，出版《诗礼文化研究》《青少年诗词》两本刊物，将《青少年诗词》办成专门面向青少年、集创作与研究为一体的新型刊物。

第五，辐射带动。贯彻落实"进课堂、进社区、下基层"，建设实践基地1—2个。辐射带动上海大学附属幼儿园、上海大学附属小学、上海大学附属学校、上海大学附属中学的传统文化传承；与上海市其他中小学合作，带动基础教育层面的中华优秀传统文化传播；在校外实践基地、各街道开展传统文化讲座进社区活动。

第六，展示交流。基地积极主办、参与主办及参加校内外各项文化活动，举办各种吟诵交流活动和诗词创作活动，把"中华古诗词吟诵大会"办成全国性乃至国际性比赛。参与"迦陵杯"中华诗词讲解大赛。微信平台及时发布基地建设各项成果，增加推文量和转发量，提高主流媒体报道频次，进一步扩大社会影响力。

第七，海外传播。以诗礼文化为推广重点，具体内容包括：译介中国古典诗词作品；举办诗礼文化夏令营，组织海外留学生参加；与海外孔子学院合作，教授中国传统诗礼文化；向海外宣传、推介工作坊的各项活动、艺术作品与系列成果。

以上工作内容可以概括为：建设两个社团（溯园诗词社、锵鸣吟诵社），规划一个工作坊（中华古诗词吟诵和创作工作坊），开展两门网络课程建设（"中华古典诗词吟诵""古诗词创意写作"），运行四个自媒体（诗礼文化研究微信公众号、锵鸣吟诵微信公众号、溯园诗词社微信公众号、近现代文言散文微信公众号），打响两大赛事品牌（上海大学古典诗词吟诵大会、中华古典诗词写作大会），并建设若干校外实践基地。这些都反映了基地工作内容的丰富性。

二、特色优势的建立与实施成效的量化

基地围绕以上工作内容，经过努力建设和不断探索，形成了以学术支撑、课程体系、传承模式和服务网络为核心的四项优势特色，并实现了实施成效的量化。

1. 学术与推广并举的建设重点

基地所依托的上海大学诗礼文化研究院是全国唯一以"诗礼文化"为研究内容的校级教学与科研机构，拥有由10位文化名家与学术名流领衔的人才资源优势和以6项国家社科基金重大项目为核心的学术资源优势，秉持以学术研究推动传统文化传承与推广的理念，在科学研究、教育普及、保护传承、创新发展、传播交流等方面协同推进并取得重要成果。2020年，基地骨干教师曹辛华教授参加"迦陵杯"第二届中华经典诵写讲大赛，微课作品"杜甫诗歌解读"入围复赛。

2. 线下与线上全面覆盖的课程体系

线下课程方面，一是开设通识课，共36学时，2学分，每学年讲授2个班次，每个班次选课人数在100人以内。二是开设新生研讨课，共36学时，2学分，每学年讲授2个班次，每个班次选课人数在100人以内。三是开设学院平台课，36—54学时，2—3学分，每学年讲授1个班次，每个班次选课人数在50人以内。同时，还有诗词吟诵和创作实践课程、文言文写作试验课程等。

线上课程方面，姚蓉教授主讲的智慧树线上课程"中华古典诗词吟诵"修读人数达800人，配合"吟诵——对中国式读书法的研讨"线下课，形成联动机制。姚蓉教授的公开课作品入选教育部第二届"传承的力量——优秀传统文化公开课展示名单"。目前该课程正在"学习强国"app的"上海学习平台"连续播出。

3. 培训与赛事相互促进的传承模式

基地依托的上海大学古代文学学科，承担6个国家社科基金重大项目，是目前国内高校中拥有重大项目最多的学科，具有雄厚的师资力量和学术基础，能够提供古诗文吟诵和创作相关的一系列培训课程。为了更好地推动古诗文吟诵和创作传承，基地在实践中不断摸索经验，形成了培训与赛事互相促进的模式，即先以诗词大会或比赛的方式在全国范围内进行召集，其间开设培训课程，对有古诗文吟诵和创作兴趣的师生进行集中训练和创作练习，在比赛中检验培训效果，同时选拔优秀的创作者和传承人，起到激励和带动作用。

基地曾主办5次大型诗词活动，参与组织、举办诗词培训活动30余场，组织1000人次学生参与，输送获奖选手及作品300余人（件）。

其中上海大学古典诗词吟诵大会已经连续举办四届，并获评上海大学校园文化建设品牌。活动期间，不仅增强了广大古诗文爱好者的参与感和荣誉感，同时为古诗文吟诵和创作的传承培养了后备力量。此外，该传承模式具有易效仿、易推广的特质。参与者通过课程培训和比赛选拔后，可借助自身周边的各类平台，进行二次推广使其下沉到二三线城市的大中小学与社区，在全国广泛传播。

4. 校园与社会密集交织的服务网络

中华古诗文吟诵和创作校外实践基地以高校资源为平台和支撑，在充分完善古诗文吟诵和创作理论，大力培养优良师资的基础上，以"走出大学校园、迈进基础教育、服务社会全体"为宗旨，充分发挥辐射带动作用。其一，通过讲座和工作坊的形式，进行学术交流，为高校学生提供与名家名师面对面指导和答疑的机会，开展古诗文吟诵和创作的传承教育。其二，以建设校外实践基地和学术交流的方式，为中小学、社区、企业和学术机构提供服务。其三，通过多媒体网络平台，在线上传播和普及古诗文吟诵和创作。截至 2020 年 6 月 30 日，基地已举办"中华古诗文吟诵和创作工作坊" 57 期，其他各类学术活动 60 余次，建立 2 所校外实践基地，辐射上海市 4 个区、10 余所中小学，还与河南省社会科学院等 10 余所学术团体和机构进行合作交流，建设"上大古代文学"等 5 个微信平台，并在"学习强国"app 等 10 余个网络平台上进行了报道和直播，效果显著，服务网络已全面展开。

三、存在的问题与改进举措

尽管基地建设取得了一些成绩，但是目前在课程建设、社团运营和社会服务上仍存在不少问题。首先，线上课程体系有待完善。综合来看，传承基地开设的课程数量仍然较少，古诗文创作类课程特别是文言文写作课程仍旧缺位，与丰富的线下课程设置不相匹配。且未能与更多网络平台进行合作，尚难满足古诗文爱好者庞大的学习需求。其次，社团活力和持续性有待激发。社团活动的参与人数和次数呈现不稳定状态，部分活动存在学生参与度低和积极性不高等问题。最后，服务范围有待拓展。

基地的服务范围局限于上海大学周边和上海地区，较少与长三角地区以及国内其他地区和高校进行联动，对国际学生和海外地区辐射力度也有待提高。

究其原因，主要有以下几个方面。首先，由于教学习惯所限，师生对线下课程依赖度较高，对线上课程普遍缺乏热情。目前受新冠疫情影响，在线教学虽然已经实施，但是仍处于起步阶段，因此在课程设计、音像录制、互动交流、知识传播等方面难免存在考虑不周等问题。其次，由于在校学生课业压力较大，平时课外活动和自由支配时间较少，加之古诗文吟诵和创作对于专业知识和综合能力的要求较高，需要大量时间进行学习和准备，有的还需要专业的设备和技术支撑。在时间、知识、资金、技术相对匮乏的情况下，调动广大学生的积极性确实较为困难。最后，由于基地运行时间较短，尚未来得及与更多学校和地区进行广泛联系，达成一致意见，许多合作活动仍在协商阶段，并未付诸实施。而且今年受到新冠疫情影响，原计划开展的活动只能暂缓进行，特别是国际学生延期返校，因此在社会服务的辐射面和辐射力度上都有所欠缺。

面对以上问题，基地在年度工作总结和计划会议上，研究了一系列相应的解决措施，并融入具体的工作内容中。第一，不断推进课程建设，开设新的网络课程。在原有的在线通识课基础上，增开新的网络课程。第二，促进社团健康发展，激发社团活力。继续扩大锵鸣吟诵社和溯园诗词社的人员队伍，加强两个社团的合作关系，在校内外、线上和线下举办更多活动，与古诗文爱好者共同交流。第三，继续推进"中华古诗文吟诵和创作工作坊"建设。由姚蓉副主任和曹辛华教授分工协作，邀请更多校外专家学者参与，开展古诗文吟诵和创作培训班，举办更多面向市民的诗歌活动，扩大基地影响力。第四，继续加强有关古诗文的教育研究。以基地成员为助力，联合、协调文学院其他师生写作相关论文。以《青少年诗词》和《诗礼文化研究》为平台，与《少年儿童研究》《当代诗词》等刊物合作，不断推出直接与

（下转第 56 页）

"非遗在社区"试点项目金山农民画的传承

徐 凯

摘 要：非遗保护重在普及传承。通过"非遗在社区"项目，让民众自主自发参与，在本区域广泛开展，与民众生活深入融合，让非遗更接地气。本文以金山农民画为例，探讨"非遗在社区"的工作经验，通过让人们近距离了解非遗进而爱上非遗，让民众聆听、体验、感知非遗，唤醒民众的历史文化记忆，从而使他们成为非遗的欣赏者和传承者，促进非遗的活态传承。

关键词：非遗在社区；金山农民画；非遗保护

"非遗在社区"是文化和旅游部非物质文化遗产司 2017 年底在上海开展的非物质文化遗产社区基层传承传播试点项目，主要是根据联合国教科文组织《保护非物质文化遗产公约》和《中华人民共和国非物质文化遗产法》，以尊重、保护和支持以人为核心的非遗传承实践回归社区、回归生活为宗旨，增强非遗在现代城市中的传承传播活力。在非遗传承普及过程中，如何发挥示范引领作用，促进非遗活态传承尤为重要。金山农民画作为"非遗在社区"试点项目之一，现已取得一些成效。本文以此抛砖引玉，希望能够为非遗传承人更好地谋划非遗保护传承工作提供一点帮助。

一、试点背景

金山区位于上海西南，南濒杭州湾，有着 6000 多年的悠久历史。金山区非遗资源丰厚，传承发展活力强劲。截至 2020 年底，金山区拥有 42 项区级非遗代表性项目，15 项市级非遗代表性项目；市级非遗项目代表性传承人 20 位，区级非遗项目代表性传承人 58 位；认定金山丝毯厂、金山农民画院等 15 个金山区非遗保护传承基地，市级非遗保护传承基地 1 个。

金山区的非遗呈现两个特点：一是农耕文明，如土布纺织技艺，元朝末年纺织技术由黄道婆传入后，棉花轧籽、弹花、纺纱、浆纱、织布等先进的棉纺织生产工艺很快流传到以棉花为主要农产品的吕巷等地区，由此带动了棉纺织业的发展。二是海洋文明，如金山嘴渔村生活习俗，渔民世代沿海而居，傍海而生，独特的海渔文化以及世代传承的习俗一直延续至今。

根据"非遗在社区"工作的相关要求，金山区从 2018 年开始将非遗传承工作从原来"植入式"的"进社区"向"造血式"的"在社区"转变。以街镇为单位，积极推动区内的市级、区级非遗代表性传承人全面深入"扎根"本区 11 个文体中心及社区、学校、军营、商圈等。在 2018 年有 26 位非遗传承人入驻 11 个社区文化活动中心的基础上，2020 年新增社区传承传播点位 20 个，新增项目签约传承人 25 名。多年来，金山区大力深挖、传承和普及非遗项目，推动各街镇、社区的非遗项目提升，通过常态化的演、讲、示、教活动，形成了"每个社区有非遗传承人、社区每月有非遗传播活动"的非遗活态传承氛围。

二、试点举措

金山农民画艺术，在 2007 年被上海市政府列入第一批上海市非遗名录项目，是金山区乃至上海市的文化名片，有着广泛的群众基础。近几年，金山区紧密结合"乡村振兴"发展战略，聚焦城市化社区转型特征，按照活动有阵地、资源有共享、管理有机制、推进有保障、社区有生态、国际有影响的"六有"目标，扎实推进金山农民画艺术在社区的传承传播工作。

作者简介：徐凯，上海市金山博物馆非遗传承保护部主任。

1. 构建以点带面、立体多元的金山农民画传承体系

金山区以朱泾镇、枫泾镇为传承重点，辐射至全区各个村镇，采用以点带面、点面结合、全区整体传播的金山农民画传承模式。金山农民画院作为研究、传承和指导金山农民画培育工作的事业单位，充分发挥农民画画师的力量，以社区、学校、村居、军营、工作室、民宿等为点位，吸引百姓主动融入，广泛培养农民画爱好者。比如，在朱泾镇的钟楼社区服务中心、枫泾小学等长期开设农民画培训班，吸引了大批的居民和学生学画农民画。积极推动非遗进校园活动，成立了金山区学校农民画教育中心，立足枫泾小学，编印金山农民画教材，开展学校特色美术教学。在上海中侨职业技术大学艺术学院设立非遗金山农民画大师工作室，建立非遗金山农民画艺术教学基地，成立非遗金山农民画大学生工作坊，举办金山农民画传承人技艺传授实践活动和各类金山农民画衍生品设计活动等。初步统计，全区金山农民画艺术传承点位近50个，全区农民画爱好者达2万余人。

2. 建设传承有序、保障有力的金山农民画师队伍

金山农民画艺术传承人队伍在日益壮大。金山区目前有金山农民画画师34人，其中市非物质文化遗产项目代表性传承人6人，区非物质文化遗产项目代表性传承人18人，这些画师依托金山农民画院、中国农民画村、学校农民画基地、社区（居委）及个人工作室，积极从事农民画创作及辅导工作。金山区学校农民画教育中心还有相对固定的农民画艺术指导教师37位，他们立足各个学校，活跃在教育条线上。同时还积极开展新一轮金山农民画师评定工作，2021年6月，评选出了8位金山农民画画师。金山区还拥有社区农民画创作团队11支、残疾人画家团队2支。

近年来，依托上海市文旅局和相关高校等平台，加大对农民画师及骨干力量的培育，加强业务技能培训及扶持保障。坚持组织农民画家外出采风，丰富创作素材，增强画师交流，提升群体凝聚力。如2019年，金山农民画院组织31位农民画家和传承人前往浙江舟山进行业务考察学习。同时，探索制订《金山农民画家创作扶持办法》，重点对主题公益创作及农民画获奖作者开展奖励扶持，同时对农民画家带徒授课等开展资金补贴。

3. 拓展形式多样、广泛覆盖的金山农民画传承渠道

为提升金山农民画在金山各社区的传播影响力，针对不同群体开设各类培训班，除了在各社区举办农民画长期班外，还依托社区培训学校、老年大学等，开设了金山农民画暑期班、突击提升培训班、外国小朋友农民画创作班、失独人员体验班、残疾人培训班等特殊群体班，广泛开展金山农民画普及传承工作，平均每年开设特殊培训班20余个，真正做到了以文化引领社区居民，以文化教育推动新社区、新家庭教育发展。在展览展示方面，依托社区文化活动中心，举办不同题材的社区农民画展览等，吸引更多的群众广泛参与，扩大受益面。目前，在金山各街镇处处可见金山农民画，展示内容涵盖了廉政、文明城区创建、扫黑除恶、垃圾分类、新冠疫情防控等多个主题，在传承民间传统文化的同时，大力弘扬社会主义核心价值观，传递正能量。据统计，四年来金山各街镇、社区共举办各类金山农民画展200余场次，参与群众约60万人次。例如，举办"浙沪农民画联展"等区级展览11次，吸引观众10余万人；举办"廉政农民画入乡村""普法农民画进基层"等农民画交流展览活动170余场，观展人次30余万。

4. 打造国际知名、IP升级的金山农民画特色品牌

为提升金山农民画作为金山重要文化品牌的影响力，借助区域文化交流及对外文化交流渠道，广泛开展各类交流展示活动。比如，2019年，金山区与上海美协、民间文艺家协会和各地美协等专业机构承办或参与全国画乡展览10余次。将金山农民画艺术列入对外文化交流重大项目，精选优秀作品到友好城市举办展览，2014年以来，已先后9次出国或出境参加国际知名的交流展览活动。积极参与上海市委外宣办"魅力上海"城市形象海外推广活动，于2018年10月和2019年6月在日本京都和东京举办金山农民画专场展览，将75幅金山农民

画带到日本观众面前。

作为文旅融合的重要品牌项目，积极促进农民画元素的创意开发，推动文创产业发展。金山农民画"金山生活"系列衍生品已经在东方明珠、上海城市规划馆等多个旅游人文景点展销，同时，拓展网络媒体宣传方式，通过官方网站、微信、微博等网络平台，发布创意产品最新动态，打开文化艺术沟通的桥梁。

三、试点成效

"非遗进社区"是让非遗活起来的一种最佳方式，回归民间，通过不断创新，激发其内在的力量，让非遗获得重生。让这些非遗在现代社会扎根，是非遗延续生命力的坚强保障。

1. 非遗传承体系逐步完善

近年来，金山区从务实管用、提升针对性角度，出台了《金山区非物质文化遗产专项资金管理办法》《金山区非遗传承基地标准》《金山区非遗传人工作室制度》《金山农民画家创作扶持办法》等多个专项文件，构建了区、镇、村（居）三级非遗保护机构，确保了金山非遗在社区工作的可持续发展，通过在资金保障、传承人引进、平台搭建等方面细化深化工作，缜密部署，做出了积极有益的探索，也取得了一定成效，为金山非遗传承完善了制度体系。

2. 非遗传承发展全面深入

全方位推进"非遗在社区"建设，使金山非遗走向村居、学校、企业等各类群体。金山农民画覆盖全区所有的中小学，作为艺术课程进行推广普及，辖区内的中侨职业技术大学艺术系还设立专业课程，年轻学徒开始涌现，参赛参展次数呈递增趋势，一些农民画传承人走出国门参加国际赛事、举办展览、金山农民画作为中国特色文化在欧洲多个国家传播、交流，树立良好的国际品牌。如今金山区每个村居都有自己的特色非遗项目，有效扩展了非遗传承的参与度和覆盖面，形成了金山非遗无障碍横向流动的趋势与平台。

3. 品牌影响力日趋扩大

金山农民画是金山区优秀民间文化品牌，先后有数百幅作品被中国美术馆、中国画艺术研究院、中国民间艺术博物馆等单位收藏。近几年，在意大利米兰世博会和泰国国家美术馆举办金山农民画展，到港澳台地区开展交流活动，受到了当地民众的欢迎，树立了农民画良好的形象。《中国农民画考察》一书荣获中国民间文艺山花奖，金山也多次被评为中国民间文化艺术之乡。

四、试点启示

"非遗在社区"还只是第一步，让非遗更接地气，还需要政府、社会和市民共同努力。期待政府更加关注非遗工作，加大保护、开发、利用的投入力度。为了助推非遗提升当代实践水平，进而实现在保护中传承、传承中创新、创新中发展，今后还要从以下几个方面着手，推动"非遗在社区"工作。

一是进一步巩固基础。继续下沉拓展金山区其他非遗项目在社区的网络布点，扩大各非遗项目传承人队伍，形成每个社区有传承人，每个布点有活动的非遗传承氛围，吸引广大群众参与，让源自民间的非遗在社区"活"起来，真正让非遗在社区扎根传承。

二是进一步完善机制。完善"非遗在社区"指导服务机制，建立项目评估机制，加强资金保障机制，实施以奖代补激励制度，加强对项目和传承人的保护，有力促进"非遗在社区"工作的落实和提升，促进本土非遗项目在各个社区的推广普及。

三是进一步整合提升，加强开展"非遗在社区"项目示范点培育创建工作，提升非遗在社区的传承效能。牢牢把握尊重社区居民主体地位、选择适合非遗资源、创新工作模式、发挥传承人作用等重要工作原则和重点，进一步培育非遗在城市中传承发展的土壤，探索在城市中传承非遗的有效方式，维护和营造非遗传承发展的良好生态。充分发挥非遗在加强社区治理、增进社区凝聚力、维系邻里和睦关系方面的重要作用，推动形成保护传承非遗的浓厚氛围，提高社区居民身份认同感和持续感，赓续城市历史文脉。

先棉祠标卖案始末

郭雪纯

清乾隆年间,"衣被天下"的松江府棉布产量高达数千万匹之多。松江土布的制作离不开黄道婆传授妇女轧花、弹花、纺纱、织布等技艺。为纪念黄道婆的贡献,人们建先棉祠以祭拜感恩。到了20世纪初期,上海作为近代工业中心,其棉布纺织产量竟骤减到数百万匹之下,本土生产出的布匹甚至无路可销。为了改变这种境况,各界人士纷纷倡议使用土布,以抵制洋布的冲击。1933年6月中旬,江苏省立上海中学迁址一事引发热议,原因是该校舍要进行标卖,而校舍中正好有先棉祠。人们得知先棉祠要被标卖,自是议论纷纷。一段标卖先棉祠案由此发生。

先棉祠

1937年上海中学先棉堂

一、古迹与新物的较量

据考证,元初黄道婆去世后,乌泥泾人赵如珪立祠纪念她。此后,先棉祠屡次被毁又多次重建。清道光六年(1826年),邑人李林松等禀知县许乃大,因乌泥泾庙在乡间,地方官祭祀不便,拟在城厢新建一专祠,遂获准在城厢西门内半段泾李氏吾园右侧建先棉祠。同治四年(1865年),苏松太常兵备道丁日昌倡办龙门书院。同治六年(1867年),吾园改作龙门书院,书院兼管先棉祠。后来废科举兴学堂,光绪三十年(1904年),改龙门书院为苏松太道官立师范学校,又称为龙门师范学校,扩建校舍时并入了先棉祠,祠则由学校管理。光绪三十二年(1906年),先棉祠的头门、戏楼等俱毁,就在梅溪弄(今先棉祠南弄)另造了一祠。宣统二年(1910年),苏松太道官立师范学校更名为江苏省立第二师范学校。1927年,该校与江苏省立商业专门学校等校合并组成江苏省立上海中学,先棉祠仍保存。改组后的上海中学总办公室和高中部设在陆家浜路,初中部设在尚文路省二师原址。同年9月,大夏大学教授郑通和出任上海中学校长。[1]

鉴于初、高中校舍分处两地,教学管理和活动多有不便,且校舍陈旧、设施不完善,1930年,郑通和计划出售旧校舍。他发现上海城区与郊区地价相差甚大,于是考虑将城区初、高中两处校舍合并出售,另在上海郊区购新地置校,扩大校舍面积。郑通和把该计划上报给当时的江苏省府核准,但未被采纳。1931年"九一八"事变和1932年"一·二八"事变相继发生,日军侵犯我国东北和上海地区。国难当头,江苏省立上海中学迁址一事暂被搁置。

作者简介:郭雪纯,上海师范大学哲学与法政学院民俗学2020级硕士研究生。

1932年,《淞沪停战协定》签订后,郑通和又向改组后的新省府与教育厅详细陈述了迁校的必要性,终于得到了核准。核准后,他第一步做出的行动是将原有二师房屋基地连同先棉祠全数出售。第二步则是购置新地建校。[2] 但事情进展并不顺利,1933年6月15日,闸北区农会在《申报》上刊登《反对出售先棉祠》一文,竭力反对标卖先棉祠:

> 本市西门尚文路上海中学,因扩充校舍迁移校址,有将现在校址及陆家浜校址一并出卖。惟尚文路校址即前龙门师范学校,内有应公祠及先棉祠,均为地方公产。而先棉祠更为纪念农业先哲黄道婆者,因此本市闸北区农会竭力反对,昨特具呈市党部市政府,请严予禁止。[3]

标卖先棉祠一案便由此开始了。郑通和提议标卖先棉祠并不是为一己私欲,作为江苏省立上海中学的校长,要为学校前途着想,更要沿袭龙门书院"教育救国"的传统,大力发展教育。但先棉祠是古迹,也是农民祈愿得到黄道婆庇佑之所,标卖先棉祠会破坏人们心中对先棉的尊敬与崇拜。农会是农民的代表,自会发出反对之声。

二、经济与文化的博弈

1927年,国共合作破裂,内战爆发。又逢天灾,农业歉收,手工生产萧条。加之,1929—1933年资本主义经济大危机爆发,中国作为帝国主义商品倾销地受害加深,传统农业和手工业受到致命冲击,民众的国货购买力严重不足。为了提高国民使用土布的意识,增加农民生产,促进本土经济增长,上海县农教馆举办了土布展览会。"土布运动"在此基础上应运而生。"土布运动"推进过程中,先棉祠作为传统棉纺织业的象征性建筑物,标卖一事激化了各方矛盾。

标卖先棉祠的消息一经传出,先棉祠的产权归属引发热议。闸北区农会认为,"惟尚文路校址即前龙门师范学校,内有应公祠及先棉祠,均为地方公产。而先棉祠更为纪念农业先哲黄道婆者,因此本市闸北区农会竭力反对"[3]。市农会则认为标卖先棉祠有监守自盗的嫌疑,提请特别市政府调查产权:

> 为爱护农界古迹,迫不得已特再申述理由。查县志所载,祇由书院(今之江苏省立上海中学,即昔之书院改名)管理基产权之非书院所有,彰彰甚明。今上海中学从何而取得先棉祠之产权?如以保管而即占为己有,是则无异监守自盗。故以产权言,上海中学亦不得擅自将先棉祠基地标卖……当经本会及闸北区农会先后呈请钧会,请求制止标卖,以存古迹、尊重公产,并拨归本会保管,留办农事陈列所。[4]

市农会力挽狂澜,有意将先棉祠留于农事陈列所,但未得到市府准许。经市土地局查明,"该项祠产虽为地方公有,载诸邑乘,但已于民国三年由上海县署给予管业证书,故该项产业已为上海中学校所有"[5]。从产权上讲,先棉祠归江苏省立上海中学所有,卖与不卖应由学校自行决定。

另一个冲突源于先棉祠的安置地点。上海县农教馆馆长张翼,身负推行"土布救国"的压力。为挽救农村经济,张翼试图开拓农村市场,想借此次标卖先棉祠的机会,打开农村民众生产、服用土布的窗口。于是,他提出"先棉祠进入农村"的主张,当时《新闻报》作了如下报道:

> 当此上海中学遗址,先棉祠亦有迁往乡间之必要。先棉祠之所以建立,旨在追念道婆之功,并为农夫村女瞻仰之所,我邑农业有改道必要,生产有增加必要,先棉祠应乘此机会进入农村,而为农业改道生产增加之机也。[6]

张翼表示,上海市场早已今非昔比,棉田不再依傍先棉祠而设,城市中机杼之声也逐渐消失。先棉祠对农村来说,意义更重大,为此,"先棉祠应乘此机会进入农村,而为农业改道生产增加之机也",既利于农村经济的恢复,又可以解决先棉祠留存的问题。闸北区农会听闻张翼主张先棉入村、不妨出售先棉祠的言论后,发出强烈质疑:

> 张翼身居农教馆馆长,应如何尊崇农业先

哲，唤起农民瞻往思来，知所改进，而日先棉祠不妨出售，试问是何理由？……今张某以农教教长身份，竟表示不妨出卖先棉祠，迁往乡间，殊属费解。[7]

闸北区农会指出，人们祭拜先棉的热切和向往，在城区较为明显，"全国各地均有宗教圣地、贤哲专祠，有纪念性的古迹位于繁盛区域，居民众多，也易于瞻仰，一旦易地则失其效用"[7]。先棉祠在繁华的城区，就会有更多人去祭拜，但迁往乡间后，受众会减少，效用也会随之衰退。因此，农会一再反对，先棉祠迁往乡间进展滞缓。

土布展览会的举办，促发了"土布救国"的意识，先棉祠也慢慢被人们所重视。民众知晓先棉祠要被标卖后，多有不满。如火龙在《新春秋》上发表《土布运动中的先棉祠》一文，直接指明先棉祠应该修复而非售卖：

该先棉祠因年久失修，已成废丘。士绅辈之慧黠者不但不设法去修复，抑且连废基都想卖去。现在土布又在大运动了，这纪念土布发明之先棉似当加以修复，用以昭示我们。[8]

先棉祠不应被当作金钱利益的载体，更不是封建迷信的残留物，它具有一定的文化延续性，正是先棉祠的作用才使人们的集体记忆得以重构。[9]先棉祠一旦被迁址，抑或被拆除，都会让新潮的城市缺失了一些历史的积淀，对先棉的感念和敬仰也会随之荡然无存。对民众来讲，先棉祠的文化要义远胜于其经济价值，所以标卖先棉祠遭到了民众的反对。

三、过往与当今的交融

元朝之前，松江府没有人会种棉花，农妇也不会纺织，所需的衣料大多来自外埠。黄道婆传授播种方法、纺织技艺后，纺纱织布日益成为农村的副业，土布事业渐渐发达，衣料也不用再仰求外埠供给。黄道婆赋予了小农经济新的希望，先棉祠恰是人们对这段历史最好的缅怀。不管是古迹与新物的较量，还是经济与文化的博弈，历史遗迹都不能因时代变迁而被磨灭，先棉祠的存在是人们对历史的一种纪念

和传承。

1. 当时的结局

先棉祠虽由江苏省立上海中学措置，但其蕴含了悠久的历史、丰富的内涵，所以1933年12月《申报》刊登了特别市府保存古迹的条例。特别市府令江苏省立上海中学迁址后要建一处先棉堂，以示对黄道婆的怀念：

㊀在新校舍内，建筑先棉堂为形式上之纪念，开辟农场为精神上之纪念；㊁先棉堂于每年崇农节开放，本市农业团体得于是日在该堂开会；㊂现在先棉祠内一切认为有古迹价值之石碑等件，全部移至先棉堂内等。[5]

1934年，江苏省立上海中学终于在旧沪闵路吴家巷（今上中路400号）购地460余亩，用时七月有余，兴建好了新的校舍，与此同时，先棉堂也修建完成。至于那座被标卖的先棉祠，根据1936年《上海报》中汪瘦秋的文章可知，"迨去年，旧校址即拍卖与人。那座含有悠久历史的先棉祠，即被承购地主与上中校舍同时拆除"。[10]激发了广泛社会讨论的先棉祠标卖一事，还是以先棉祠的拆除告终了，仅保留了"先棉祠弄"的名称，独存下了梅溪弄处的先棉祠。

2. 当今的重生

20世纪30年代后期，"土布运动"发展缓慢，"洋货"充斥着市场，土布生存如履薄冰，先棉祠最终落得被拆除的结局。一桩桩、一件件无不展示着传统手工业的衰微，正因如此，当代上海以史为鉴，将保护传统手工纺织业提上日程。

2002年3月，上海市徐汇区文化局和华泾镇人民政府共同出资，在华泾镇徐梅路700号建造了一座黄道婆纪念馆，并对外开放。2006年，乌泥泾棉纺织技艺被列入第一批国家级非物质文化遗产代表性项目名录，2018年又入选了第一批国家传统工艺振兴目录。我国手工纺织技艺历史悠久，但相关文献资料囿于种种原因严重缺失，技艺传承受限，现有的乌泥泾棉纺织技艺的保护意义不言而喻。2020年10月中

（下转第71页）

放牛娃成为大明星

——著名沪剧演员华石峰的沪剧缘

陶一铭

我对华石峰的最初印象是他在电视上的形象：一是他在《主仆情缘》里饰演女主人公黄慧茹的哥哥黄仁昌；二是他演唱《秋海棠》《半夜夫妻》两个唱段的电视录像。真正见到华石峰本人，是在2009年2月21日，在闵行华漕陶家角的一个活动室里。那天我和朋友一起去观摩沪剧老艺人组织的戏班表演，都是即兴发挥的幕表戏，正巧是华石峰主演《合同记》，他扮演男主角王清明，唱腔洒脱、韵味醇厚，出场自叹一段条理清晰、层次分明，把一个落魄书生演绎得惟妙惟肖。我连看数天，渐渐迷上了华石峰。

有一次去徐泾金云村看华石峰演出，我想帮忙敲板，有位老先生告诉我说，华石峰对艺术很严谨，特别注重板眼，如果敲错会被他批评。我听后虽然有点紧张，但还是硬着头皮尝试了一下，整场戏我都高度集中注意力，认真听他的每一句唱腔，生怕出错。结束后，我主动求教华石峰，问板敲得是否正确。平时严肃的华石峰露出了微笑，点了点头说，不错不错。从这以后，我感觉和华石峰拉近了距离，我们无话不说，成了忘年交。

一、放牛娃寄人篱下

华石峰出身沪剧艺人家庭，父母都是沪剧演员。他的父亲叫华新庆（1907—1939），青浦练塘四农人；母亲马小妹（1919—1974），金山枫泾潮泥滩人。旧时沪剧艺人按地域划分为"东帮先生""西帮先生"和"北头先生"，他的父母长期在松江、青浦、金山、平湖、嘉善一带演出，所以就被称为"西帮先生"，在当地颇

有知名度，提起马小妹，更是无人不晓。

马小妹的父亲在潮泥滩开一爿茶馆店，经常有沪剧艺人前来演出。马小妹自小痴迷沪剧，不顾父母反对，独自跟着戏班学艺，四处漂流。此后马小妹认识了同为沪剧艺人的华新庆，于1936年结为夫妻。1938年儿子华石峰出生，父母忙于演出，全靠外婆照顾他，外婆对他非常宠爱，还给他取乳名阿宠。1939年，华新庆带着班子离开松江，一路摇船来到嘉善姚庄附近卖艺。因遭日军队长残害，华新庆在这一漂泊的破船上离世，年仅33虚岁。这时阿宠才1周岁，无奈之下被母亲马小妹送到潮泥滩娘家，让外婆照顾。华石峰6岁时，为了生计，外婆带着他到松江跨塘桥寻找马小妹，隔年将他送进了松江尖角亭小学读书，老师特为他取了学名华新民。阿宠勤奋好学，成绩优异，老师也很喜欢他。但才读了三年半，因母亲无法承担学费，阿宠只得含泪辍学回家。常说"树高千丈叶落归根"，马小妹无法将儿子留在身边，执意将年幼的阿宠送到丈夫华新庆的老家练塘，托付给亲戚照顾。

虽然阿宠的父亲早已去世，但是在老家还有祖上留下的两间房子在阿宠名下，所以马小妹一心要把儿子送到乡下。在乡下，阿宠只能依靠年长的堂兄堂嫂照顾。阿宠起先在堂兄阿秋家住了一年，后来又到堂兄阿好家住了一年半，表面上是让亲戚照顾，实际上是帮忙干农活当放牛娃，晚上爬到牛厢里睡觉，所谓"牛厢"，就是在牛棚上搁几块木板而已，据说青浦的放牛娃都是这么睡的。在练塘的两年半里，华石峰饱尝艰辛，经常遭受打骂和虐待，吃不

作者简介：陶一铭，上海市普陀区长征社区体育俱乐部主任。

饱、穿不暖，如同乞丐一般，每天吃的就是饭粲汤（锅巴烧粥）。阿宠毕竟年幼，寄人篱下，只得默默忍受。

华家祖辈都是泥瓦匠，一次堂兄阿好出远门干活不在家，堂嫂叫阿宠去田里干活，华家种的田隔着一条大河，必须摇船过去。堂嫂抱着孩子坐在船舱里，阿宠在船艄摇橹。行至三叉塘时，水流比较急，而且是逆水而上，年幼的阿宠用尽全身力气也摇不动，船舱里的嫂子非但不帮忙，反而说三道四。阿宠听后，气不打一处来，丢下橹，任凭小船漂流。小船顺着水流漂到岸边，阿宠独自上岸回家，吃了几口冷饭就爬上牛厢睡觉。心里有气怎么也睡不着，他感觉这样下去一定会饿死的，反复思量，决心去松江找母亲。当晚，他把自己的想法告诉了睡在一起，年龄相仿又同是放牛娃的堂兄华小弟。第二天一早，天刚蒙蒙亮，阿宠就壮着胆子出发了。一路饥饿，摸索到了松江，匆匆赶到跨塘桥花园浜母亲的住处，时间已经是下午三四点钟。房东老太看来者衣衫褴褛，顿生疑惑，等阿宠说明原委后方才认出，老太不由老泪纵横、心酸不已。得知阿宠一早出门还没半点东西下肚，急忙拿出一大碗饭给他吃，唯一的一碗菜是黄豆芽烧油豆腐，虽然仅有一个菜，可是阿宠吃来觉得鲜美无比，至今难忘，他给这碗菜取名"思苦菜"来激励和鞭策自己。

房东老太告诉阿宠，马小妹已经搬家，关照丈夫沈小弟带阿宠到黑鱼弄凤凰山桥旁马小妹现在的住处。到后阿宠推门，只见外婆一个人在家，他哭着扑在外婆怀里，外婆看到外孙如此模样更是抱头痛哭。第二天，外婆带着阿宠乘船前往叶榭，她告诉阿宠，马小妹迫于生计嫁给了拉琴的沈嘉良。到了叶榭，祖孙俩找到了马小妹。看到儿子的到来，马小妹并不高兴，她告诉阿宠，自己没能力收留他，如果留在身边，每天要贴两角饭钱，根本付不起，硬是要送阿宠回练塘乡下。阿宠听后痛苦不已，紧紧拉住母亲的衣襟不肯放手，死也不愿再回老家，哪怕是沿街乞讨也要和母亲在一起。看着可怜的阿宠，马小妹心如刀绞。剧团里的同行劝马小妹，还是让你儿子学唱戏，好歹有口大锅饭吃。阿宠一心只想念书，根本不愿唱戏，可是在如此艰难的选择面前，为了生存只得选

择学唱戏，14岁吃上了"开口饭"。

二、学艺成为大明星

马小妹所在的剧团当时叫松江县沪剧改进协会，成立于1951年，由散落在松江一带的流动艺人组成，固定在岳庙里的一个小剧场演出，有时也要去青浦、金山、松江跑码头演出，对外挂牌命名为群力沪剧团。这个庙宇殿堂改建的剧场也叫松江剧场，有三百多个座位，老板是岳庙旁也是园茶楼的"小开"。当时剧团主要演员有杨明生、朱秋生、陆德良、萧念祖、高凤英、马小妹、唐若玉、陈根娣、范秀英等，演出剧目都是沪剧的传统老戏，沿用幕表制的形式。

阿宠天生就是唱戏的料，五天学会敲板，三个月就登台演出，按当时规定能拿一半的工钱。他记性好，看过的戏过目不忘，好像刻录机印在脑海里。在唱腔上，他比较喜欢朱秋生的唱法，因为朱是上海先生，唱腔比松江先生略显洋气。阿宠16岁就正式担任主角和范秀英合作演出大戏《红鬃烈马》，饰演薛平贵。剧团里有位博学多才的张善琴，他说阿宠唱头牌小生，总要有个艺名才行，学校里起的"华新民"不适合，还是叫华石峰比较好听，寓意像山峰一样坚韧、挺拔、高耸、秀美，果然"石峰"两字给他带来了好运。

我曾问华石峰，这些老戏都是谁教他的，他笑了笑回答说，都是从小看戏看会的。母亲马小妹很少教他，唯一教过的就是一出老戏《十打谱》，其中有一段"辕门赋"用赋子板演唱难度较大，华石峰一个晚上就能背出全部唱词，第二天直接登台表演毫不紧张。华石峰记忆力超强，2000年华石峰在郊区演出，有老观众点唱老版的《庵堂相会》，这出戏是沪剧老戏，早已失传，在场的男演员都不会唱，戏班班主有点焦急，如果没有演员演唱，定然被观众笑话，戏班也要丢脸。危急时刻，有人提议叫华石峰试试。华石峰说自己也没唱过，不过小时候听母亲演出过有点印象，抱着试试看的心态，华石峰和扮演金秀英的女演员汪蝉丽稍微梳理了一下唱词就上台了。十几年前听来的，如今唱来照样笃笃定定，台下的老观众非常满意，站在侧幕旁的同行都为华石峰竖起大拇指。华石峰说，这主要是靠当时在沪剧改进协会打

下的扎实基础，加上前辈老师们对自己的悉心培养。

华石峰在岳庙里唱戏，虽然周围都是有本事的老艺人，可是总在小范围内演出，感觉没有前途和发展空间。1956年，常州沪剧团到松江演出，作为团长的筱正武特地到岳庙剧场拜客，来看望同行前辈。恰巧看到华石峰在台上演出，英俊洒脱的形象、甜糯的嗓音深深吸引了筱正武。筱正武十分惊讶，问一旁的马小妹台上的年轻人是谁。当得知是马小妹的儿子时，筱正武欣喜万分，立刻提议让华石峰加盟常州沪剧团好好培养。马小妹感觉儿子有了出路，能去常州沪剧团再好不过，华石峰知道后也是一口答应。但此事没能获得上级同意。后来华石峰被调到了松江县沪风沪剧团（后改名为松江县沪剧团）。

1956年，华石峰正式加盟松江县沪剧团。其时，剧团正好在苏州演出，华石峰背着铺盖到苏州万利剧场报到。不久，华石峰就跟着剧团前往千里之外的兰州巡回演出。为了加强阵容，剧团特邀常州沪剧团的张月华担任女主角。张月华来到松江沪剧团后，发觉华石峰非常好学，欲收为徒，就派自己的学生，也是松江沪剧团副团长的施建刚去说合。华石峰觉得自己从小跟母亲唱戏，也没有一个正式的老师，既然张月华有意想收，就爽快地答应了。正巧，施建刚与谈慧芬要办婚宴，华石峰就趁汤下面，当场拜师磕头。

刚进团的华石峰只能唱点龙套角色，因为有幕表戏的基础，华石峰任何角色都拿得起、演得好。常言说，是金子总会发光，剧团的当家小生倪惊鸣胃病缠身，一次在苏州万利剧场演出，剧目是《碧落黄泉》，日场刚结束，扮演男主角汪志超的倪惊鸣又胃病发作疼痛难忍，剧团向剧场提议是否停演夜场。演出票子早已销售一空，剧场经理说什么也不同意。正在犯难的时候，有人建议该角色让华石峰试试，因为经常听他早上练《碧落黄泉》的唱段，唱得很好。施建刚就找华石峰，问他是否可以救场代替倪惊鸣演出，华石峰一口答应。功夫不负有心人，华石峰不鸣则已一鸣惊人，观众席掌声如雷。剧场经理跑到后台质问剧团领导说，这么好的小生为什么之前不让他唱戏，明天继

续叫他演。一出《碧落黄泉》连演三个月，场场客满，华石峰的名字就此被传开了。

倪惊鸣虽然是台柱、老演员，又是副团长、艺委会主任，却丝毫没有架子，主动让台，手把手辅导华石峰。华石峰说，倪老师对他的帮助很大，尤其在唱腔和做人方面受益匪浅。

1960年，剧团到上海市区演出，就在西藏路的国泰剧场，华石峰演《秋海棠》里的男主角秋海棠，演得非常出色，吸引了许多市区的观众。

松江出了个好小生。消息传到了人民沪剧团团长丁是娥的耳朵里，丁是娥特地赶到国泰剧场看戏，演出结束后还专门到后台看望大家。一看到丁老师来了，大家都激动地迎上前去，团长施建刚、倪惊鸣等急忙泡茶款待。丁老师寒暄了几句后，就问华石峰的情况。当得知是马小妹的儿子时，丁老师亲切地拉着华的手说，自己年轻时去松江跑码头和马小妹同台演出过。丁老师和施建刚商议，想调华石峰到人民沪剧团。能得到丁是娥老师的鼓励，对华石峰来说是莫大的鞭策。

剧团为了培养青年，还把华石峰送到上海市戏曲学校进修，通过理论和身段来提高舞台表演能力。在松江沪剧团演出的几年间，他先后主演过许多好戏，如《碧落黄泉》里的汪志超、《秋海棠》里的秋海棠、《芦荡火种》里的郭建光、《母亲》里的陈冬生、《江姐》里的甫志高、《霓虹灯下的哨兵》里的童阿男，以及《智取威虎山》里的杨子荣。尤其是《智取威虎山》一剧，为了演好杨子荣，松江沪剧团还特地请上海越剧院的史济华担任技导，沪剧演这类戏是很不容易的，为了塑造好这个人物，华石峰天天踢腿、下腰、跑圆场，在史老师的指导和自己的刻苦努力下，出色地完成了演出任务，这也是华石峰在艺术上对自己的一次高难度挑战。

1967年，华石峰被迫离开了心爱的舞台，加入由松江文化系统（文化馆、图书馆、越剧团、沪剧团等）组成的团队，俗称"大班子"，到松江卖花桥参加劳动，足足干了四年农活。农忙插秧特别辛苦，大多数人都插不来，唯独华石峰插秧插得又齐又快，大家都很疑惑，一个唱戏的怎么农活干得这么好？华石峰苦笑着

说，从前我曾经是个干惯农活的放牛娃。

1971年，华石峰被分配到松江供销社名下的张泽药店。从1971年到1980年，华石峰在药店整整干了十年。

三、家传赓续弘扬沪剧

1980年，重建后的崇明沪剧团到松江演出，崇明沪剧团导演戴关云是华石峰的好朋友，到松江后四处打听华石峰的消息。得知华石峰在张泽药店工作，立马赶到张泽看望华石峰，并希望他加盟崇明沪剧团担任主角。华石峰如同久旱逢甘霖满怀喜悦，急忙回家告诉家人，谁知遭到妻子的强烈反对。然而女儿华雯却十分高兴，不经家长同意擅自退学，死缠硬磨一定要跟父亲同去剧团当演员。华石峰觉得女儿喜欢唱戏是件好事，他非常支持，就找戴关云商议，是否能携女儿一起参加剧团。戴关云叫华石峰带女儿来试试看唱得如何。华雯一亮嗓，崇明团的领导二话不说当即答应。熟人责怪华石峰，耽误女儿前途，华石峰却认定女儿是块唱戏的料，日后必定有出息。就这样，父女俩准备行装，到崇明沪剧团报到了。进入崇明沪剧团后，华石峰成为剧团的当家小生，一出出大戏接连上演，吸引了大量的观众，也为崇明沪剧团赢得了声誉。1988年，华石峰参加了沪剧中青年演员声屏大赛，通过电视转播，全上海的观众都认识了他，《每周广播电视报》也刊登了他的个人介绍，许多观众为他投票喝彩。通过比赛，他的知名度和影响力提升了，成了观众眼中的大明星。

华石峰注重发掘人才、培养接班人。一边辅导女儿华雯，一边细心发掘年轻的好苗子。1982年春，崇明沪剧团正在新开河人民公社（今新河镇）演出。有天清晨，华石峰起床后坐在窗边，悠闲地喝着茶、抽着烟，突然耳旁传来沪剧哼唱声，他感觉此人嗓子不错，非常好奇，不由自主地捧着茶杯走出剧场，循着声音的方向走去。声音来自剧场隔壁的一家工厂，他向厂门卫打听，门卫介绍说文艺工厂的一名青年职工在哼唱。华石峰走进工厂一探究竟，果真看到一位年轻人在练唱。年轻人看到华石峰立刻停下，急忙向华石峰打招呼。询问后知道年轻人叫钱思剑，是一位沪剧迷。华石峰上

下打量钱思剑，感觉各方面条件都不错，尤其嗓音格外洪亮有磁性，就问钱是否愿意参加专业剧团。钱说当然愿意，只是没有机会。华石峰回剧团后立即向领导推荐，团领导说，推荐人才进团可以，但必须由华石峰亲自负责教学培养，华一口答应，并把此消息告诉钱思剑，让他做好准备，剧团在这里演出结束就带他走。从此钱思剑进入了崇明沪剧团，成为了一名专业的沪剧演员。之后，华石峰又招收了谢德均、张菊华等几名优秀青年进入崇明沪剧团。

华石峰每天一早起床就督促女儿华雯和钱思剑等练功，从唱腔到形体，耐心细致地教导他们一分耕耘一分收获的道理，希望他们能成为沪剧优秀的接班人。苍天不负有心人，华石峰的心血也没有白费。如今，钱思剑成为了上海沪剧院的当家小生、袁（滨忠）派传人；华雯则是宝山沪剧团团长，是中国戏曲"二度梅"和文华表演奖以及电影金鸡奖的获得者，硕果累累，成为了当今沪剧舞台上一颗璀璨耀眼的明珠，令华石峰欣慰不已，备感自豪。

华石峰在崇明沪剧团主演了许多大戏，《秋海棠》《半夜夫妻》都是他的代表作品，《半夜夫妻》曾在江浙一带巡回演出，非常受欢迎。华石峰还曾应邀参加过宝山沪剧团《缉毒女警官》的演出，和张爱华的一段父子对唱，催人泪下、扣人心弦。

1998年，退休后的华石峰仍然不愿离开心爱的沪剧舞台，参加郭传鸣组织的南宫沪剧团在青浦等地流动演出。虽然是传统的幕表戏，华石峰也是一丝不苟，认真演出。我看过他主演的《玉堂春》《何文秀》《点秋香》《合同记》《顾鼎臣》《状元与乞丐》等古装戏，以及《陆雅臣》《蓝衫记》《胡锦初借妻》等一些沪剧的老戏。尤其是《陆雅臣》，华石峰完全是按照沪剧早期的原始剧本演出，剧情比现在的更加完整详尽，这都源于从小在母亲身边看戏的积累，老艺人们的一举一动、一唱一念都印在了他幼小的脑海里。只可惜，限于当时的条件，没有留下录像资料。

由于年龄和安全问题，邀请老艺人戏班演出的村镇越来越少，跑码头的艺人逐渐离世，虽然华石峰在这些艺人当中还属于年轻的小弟弟，但是独木难成林，戏班无法继续维持，华

石峰只得忍痛散伙。最后一次演出在九亭杜巷小区，日期是2012年10月23日，这天正好是重阳节，传唱了近百年的沪剧幕表戏从此销声匿迹。

结束了唱戏生涯，华石峰才感觉正式退休了，但没有舞台的日子让他感觉度日如年，他多么希望老同事们能再聚集一起，唱上几天几夜，过过戏瘾。不能上台唱，那就把肚子里的老戏记录下来留给后辈，亦能为沪剧的传承做点工作。

华石峰身体并不好，精力也有限，但他不顾年迈体弱，克服种种困难埋头写作，先后整理了《贤惠媳妇》《蓝衫记》《半夜夫妻》等剧本，希望这些戏能代代相传。虽然这些都是幕表戏，但经华石峰的辛勤整理，成了有完整剧本的大戏。再通过宝山沪剧团的精彩演绎，让这些传统戏完美地呈现在观众面前。使许多观众了解沪剧，原来沪剧也能演古装戏，沪剧剧目是如此多样，演员的可塑性也是如此全面。

华雯团长曾对我说："再度排演《半夜夫妻》，我是全身心地投入的，为青年演员排练辅导、幕后伴唱，首先是父亲的情结，因为在崇明沪剧团时期，父亲首演了此戏，后来他将这出戏交给了我，如今我将这部戏传给沪剧的年轻一代，这是件很有意义的事，沪剧艺术就要靠这样一代代地传承，这才是根本，这才是不忘初心。其次就是沪剧演员缺乏戏曲基本功，希望通过古装戏的演出，让青年演员以戏带功，使舞台表演更加有美感。"

松江是沪剧的发源地，更是华石峰老师的艺术摇篮，从放牛娃到大明星，他一路走来是极不容易的，他用自己的实际行动来传承沪剧、宣传沪剧。从华新庆、马小妹到华石峰再到华雯，华氏一门三代从艺，在沪剧史上也是少有的。从乡间茶馆到国际性大舞台，从街头卖艺到电影展现，这是三代人呕心沥血的结果。他们将沪剧艺术视为自己的生命，希望沪剧艺术能一代代地传承下去，发扬光大。 ◆

（上接第66页）

旬，黄道婆纪念馆重新打造和布展。全新的陈列馆以黄道婆的生平经历及其成就为主线展开，分为"丝路女儿""技术革新""先棉鼻祖"三大部分，人们参观的同时也可以体悟传统手工艺的制作过程。

回溯标卖先棉祠一案，是文化与经济博弈、传统与现代较量的产物，它内嵌于时代发展的轨迹中。"土布运动"虽以失败告终，但也短暂地掀起了人们尊崇先棉的热忱之情。如今的中国屹立于世界之林，绽放光彩。传统手工业尘封的历史也迎来了崭新的篇章，黄道婆重新回到了人们的视野，她的功绩也再次被人们颂赞。祭拜先棉，重塑历史，方能看到技艺流传的脉络。先棉祠的记忆就这样在当今以更丰富而生动的方式得到延续和更新。 ◆

参考文献：

[1] 顾炳权. 上海风俗古迹考 [M]. 上海：华东师范大学出版社，1993：105—107.

[2] 唐盛昌. 史品上中——菁英教育的缩影 [M]. 上海：上海教育出版社，2009：87.

[3] 闸北区农会 反对出售先棉祠 [N]. 申报，1933-06-15（11）.

[4] 市农会请保先棉祠古迹 [N]. 申报，1933-11-08（11）.

[5] 市府处置先棉祠 产权拨归上海中学执管 校内建先棉堂保存古迹 [N]. 申报，1933-12-15（11）.

[6] 农教馆主张先棉进入农村 [N]. 新闻报，1933-06-19（10）.

[7] 闸北区农会 反对出售先棉祠昨闻 [N]. 申报，1933-06-22（11）.

[8] 火龙. 土布运动中的先棉祠 [N]. 新春秋，1933-10-03（2）.

[9] 沈关宝，杨丽. 社会记忆及其建构——关于黄道婆的集体记忆研究 [J]. 东岳论丛，2012（12）：83-94.

[10] 汪瘦秋. 记先棉祠之兴废 [N]. 上海报，1936-01-07（6）.

图书在版编目（CIP）数据

非遗传承研究. 2021.3 / 陆建非主编. — 上海：上海
教育出版社，2021.10
ISBN 978-7-5720-1172-6

Ⅰ.①非… Ⅱ.①陆… Ⅲ.①非物质文化遗产－研究
－中国 Ⅳ.①G122

中国版本图书馆CIP数据核字(2021)第203399号

责任编辑　毛　浩
封面设计　毛结平

非遗传承研究 2021(3)
陆建非　主编

出版发行　上海教育出版社有限公司
官　　网　www.seph.com.cn
地　　址　上海市永福路123号
邮　　编　200031
印　　刷　上海昌鑫龙印务有限公司
开　　本　889×1194　1/16　印张 4.5
字　　数　140 千字
版　　次　2021年10月第1版
印　　次　2021年10月第1次印刷
书　　号　ISBN 978-7-5720-1172-6/G·0921
定　　价　35.00 元

如发现质量问题，读者可向本社调换　电话：021-64377165